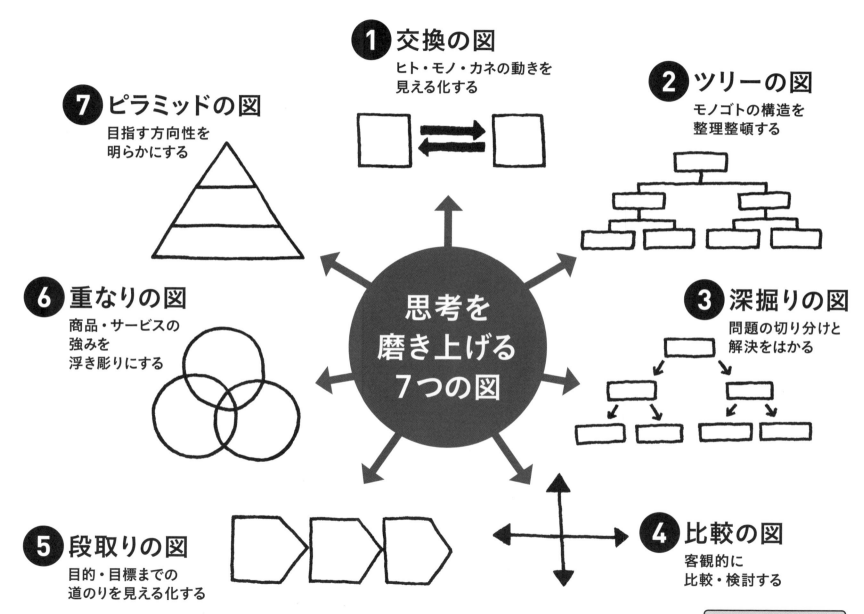

3STEPでわかる！「7つの図」の使い方

『図で考える。シンプルになる。』プレミアム特典

❶ 交換の図

- **STEP 1** 登場人物をパーツ化する
- **STEP 2** 交換の矢印を書く
- **STEP 3** 交換内容を書く

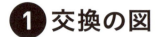

❷ ツリーの図

- **STEP 1** パーツ化する
- **STEP 2** グルーピングする
- **STEP 3** 1つのツリーにまとめる

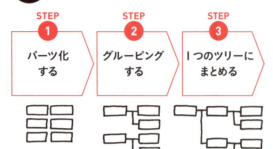

❸ 深掘りの図

- **STEP 1** なぜかを考える
- **STEP 2** Q&Aを繰り返す
- **STEP 3** 1つにまとめる

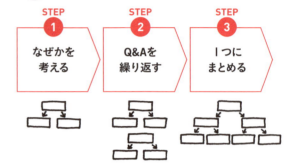

❹ 比較の図

- **STEP 1** タテ軸を決める
- **STEP 2** ヨコ軸を決める
- **STEP 3** 比較対象を配置する

❺ 段取りの図

- **STEP 1** ステップ数を考える
- **STEP 2** ステップを用意し、説明を書く
- **STEP 3** 説明を磨く

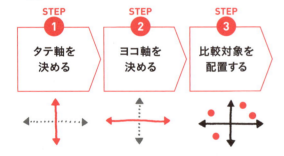

❻ 重なりの図

- **STEP 1** 何の組み合わせかを考える
- **STEP 2** 円を用意し、内容を書く
- **STEP 3** 円を重ねる

❼ ピラミッドの図

- **STEP 1** 何段階あるかを考える
- **STEP 2** ピラミッドを用意し、概要を書く
- **STEP 3** 概要に説明を加える

図で考える。
シンプルになる。

インフォグラフィックエディター
櫻田潤 sakurada jun

ダイヤモンド社

はじめに
たった1枚の図に、
あなたの思考が表れる

「図解が趣味です」

　はじめて会う人にこう言うと、不思議そうな顔をされます。確かに変わっているかもしれません。でも僕は大真面目なのです。趣味として、ドラッカーの『マネジメント［エッセンシャル版］』を50枚の図にまとめたことがあります。他には、テレビ番組の「カンブリア宮殿」の内容や、世界的な講演会を主催する団体「TED」で公開中のプレゼンなど、さまざまな対象を図にしてきました。

　その根本にあるのは、**モノゴトを「理解したい」という欲求**でした。「普遍的な考え方」「うまくいっているビジネスの秘密」といったものを図にまとめ、自分なりに咀嚼します。図のフォーマットを借りて、**知識が体系的にまとまっていくのが面白かった**のです。

　そうして形にした図の一部は、2010年に立ち上げた個人サイト「ビジュアルシンキング」の中で公開しています。

　「図で考える」「図を公開する」ことを始めてしばらくすると、

「わかりやすい！」「面白い！」という反響を多くいただくようになりました。

すると今度は、コンサルティングファームや広告代理店から、企業研修、ワークショップの依頼が入るようになりました。テーマは、「図解力アップ」や「プレゼン資料の作り方」です。

研修が終わると、「こんなふうに体系的に教わったことがなかった」「図解の本をたくさん読んできたけど、身につけられなかった。でも、これならできそう」といった感想をいただき、さらに「自分の部署のメンバー向けにも改めて開催してほしい」と依頼されることもありました。1つの会社のいろいろな部署で、研修を複数回実施していくうちに、**図のスキルは特定の業務に限らず、幅広いシーンで求められている**のだと感じました。

● あなたならどんな図にしますか？

研修の冒頭では、頭の体操を兼ねて、あるお題を図にしてもらっています。そのお題は「桃太郎のあらすじ」です。

「むかしむかし、あるところに、おじいさんとおばあさんがおりました。おじいさんは山に柴刈りに、おばあさんは川に洗濯に……」から始まるあの話。

ページをめくる前に、どんな図が作れそうか少し考えてみてください。

「桃太郎のあらすじ」を忠実にまとめた図

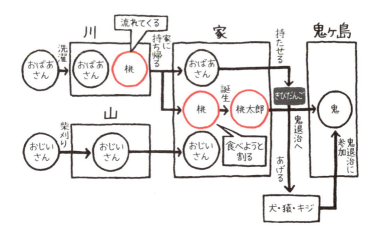

　皆さんに図解の手ほどきをする前にとり組んでもらうと、上記のような図になりがちです。

　登場人物はそろっているし、時系列も正しい。物語の「あらすじ」も均等に盛り込まれている。

　にもかかわらず、わかりにくい感じがします。すべてを盛り込もうとした結果、複雑になってしまって、肝心の「あらすじ」がよくわかりません。直感的ではないのです。

　しかし、次ページのような図ならどうでしょうか。

「桃太郎の歩み」という視点でまとめた図

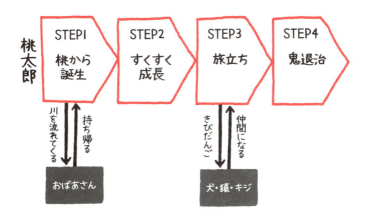

　「桃太郎の歩み」という視点でまとめた図です。**登場人物や時系列は先ほどの図とほぼ同じ。しかし主軸が明確で「あらすじ」がひと目でわかります。** 知らない人に説明するのも簡単です。

▶ ポイントを絞り、浮かび上がらせる

　図で考えるときは、大事なところが浮かび上がるようにします。それには内容を理解し、どこにポイントを置くかを考え抜く必要があります。上図では、「桃太郎の歩み」を主軸にしながら、印象的な2つのエピソード（①川での出会い、②きびだんごのエピソード）をとり上げています。

考え抜かれた図は、あとから見直しておさらいに役立つだけではなく、誰かに要点を話すのにも使えます。自分の理解だけではなく、相手の理解も助けるのです。

　このお題を最初にやってもらう目的は1つ。**人に何かを伝える際には「視点」が必要**だと知ってもらうためです。すべてを盛り込むと、どんなテーマであっても複雑になってしまいます。多くの人はポイントだけを知りたいと望むはずです。それには、シンプルにしなければなりません。

● 図は、考えを磨き上げる思考ツール

　先ほどの問題に戻りましょう。「桃太郎の歩み」という視点を加えることで図がシンプルになりました。同じテーマであっても、完成した図を見比べると、「その人が何を考えたのか」がにじみ出てきます。**図は、プレゼンツールである前に、自分の考えを磨き上げて投影する思考ツール**なのです。

　研修では、事前質問を受けつけることがあります。そこでは「色使いやフォント選びはどうしたらよいか」「レイアウトのコツを知りたい」といった要望がよく挙がります。

　プレゼン用に伝わる図を書きたいと誰もが望みます。けれども、色使いやフォント選び、レイアウトに凝る前にやることがあります。

そもそも自分が内容を理解して図を書いているのか？
図にする対象への理解は足りているのか？

　小手先の表現テクニックを磨くのではなく、図にする対象への理解を深めなければいけません。**自分が理解して作った図であれば、人に話しやすく、見栄えが洗練されていなくてもほとんど影響しません。**

　その点、図解は語学と似ています。「英語を勉強する」より「英語で何を伝えるか」が重要なように、「図の表現テクニックを勉強する」より「図で何を伝えるか」、つまり中身のほうが重要なのです。

● なぜ文字ではダメなのか？

　「図にすることで理解が深まると言うが、言葉や文章でも十分理解できるんじゃないか」

　これはもっともなご意見です。
　「言葉では理解できない」「文章では理解できない」などと極端なことを言うつもりはありません。言葉も文章も、理解のためのツールになり得ます。

　にもかかわらず、わざわざ図を使う意味はどこにあるのでしょうか？

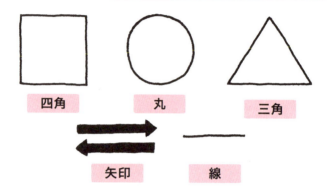

　文章は単語の組み合わせで作られます。それに対して図は、上記のようなパーツの組み合わせで作られます。

　僕が図解をすすめるのは、図を使うことで理解の手順がパターン化できるからです。言葉や文章ではいろいろな言い回しができ、情緒的で多様な表現ができますが、決まった思考プロセスに当てはめるのが困難です。

◉ 図から得られる2つのシンプル

　図は、形が決まったパーツの組み合わせなので、表現が限られます。その結果、「こういう内容を理解したいときは、この図を使って考える」といった具合に**"理解の型"**が生まれます。

①思考プロセスそのものが単純化する
②シンプルなパーツの組み合わせだから、無駄がない

このように "２つのシンプル" が図で得られます。

いきなりいろいろな図を使う必要はありません。思考にも定番の切り口があります。本書では、数多く存在する図の中から、「７つの図」を厳選してとり上げています。

その７つには、モノゴトの理解に向いていて、かつ利用頻度の高い定番の図（視点）を選びました。これらの図を仕事で使うと、

・頭の中のモヤモヤがクリアになる
・会議、打ち合わせで主導権を握れる
・要点をスピーディーに伝えられる
・質の高いプレゼンができるようになる

など、仕事が驚くほど楽しくなります。その結果、仕事のスピード・質を劇的に上げることができるのです。本書の目的は、あなたの頭の中に「７つの図」をインストールすること。そのためのレッスンを多数用意してありますので、どんどん解いていってください。「７つの図」が血肉化し、意識せずとも仕事で使えるようになります。

ではまず、定番の「７つの図」を紹介しましょう。

009

思考を磨き上げる「7つの図」とは？

1

交換の図
あらゆる関係を「見える化」する

複数の四角とそれを結ぶ双方向の矢印で、
誰と誰（例：売り手と買い手）が
どんな交換を行っているかを考える図です。

こんなことができます！

ヒト・モノ・カネの動きを見える化する … 036
ビジネスモデルを見抜く … 040

２ ツリーの図
モノゴトの構造をクリアにする

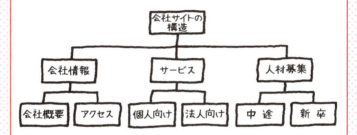

複数の四角とそれを結ぶ線によって、情報をモレ・ダブリなく整理整頓し、全体を構造的に考える図です。

> こんなことができます!

こんがらがった情報を整理整頓する……052
成功の共通点を見つける……056

思考を磨き上げる「7つの図」とは?

3

深掘りの図

疑問をどんどん掘り下げてクリアにする

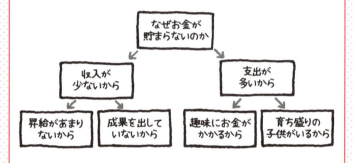

複数の四角と矢印で、
「なぜ?」「どうして?」を繰り返して
答えを考える図です。

> こんなことができます!

自分の置かれている状況を改善する……… 068
問題の切り分けと解決をはかる……………… 074

4

比較の図
2軸で項目の違いをクリアにする

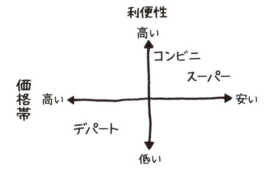

2つの軸で複数の項目を比べ、
それぞれの違いを考える図です。

こんなことができます!

商品の比較・検討をする ……………… 084
人気サービスの違いを分析する ……… 090

思考を磨き上げる「7つの図」とは？

5

段取りの図

目的や目標までの道のりを「見える化」する

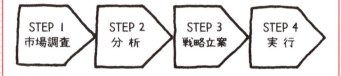

矢印の箱を並べて、
段取りを考える図です。

こんなことができます！

提案書作りの手順をまとめる ……… 100
業務の流れを見直す ……… 104

6

重なりの図

商品やサービスの「特徴」を浮き彫りにする

複数の円を使って、商品やサービスの特徴を考える図です。

こんなことができます!

好調サービスの強さを発見する ……… 116
ロングセラーの理由をまとめる ……… 120

思考を磨き上げる「7つの図」とは?

7 ピラミッドの図
目指す方向性をはっきりさせる

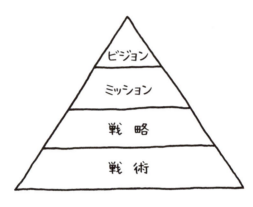

三角形を線で区切って、
上下関係やレベルの違いを考える図です。

こんなことができます!

売上拡大の方針を決める……………… 130
巨大企業の動向を予測する……………… 134

以上が、思考ツール用に厳選した「7つの図」になります。
　本書で紹介する図は驚くほどシンプルなものばかり。シンプルは嘘をつきません。余計な飾りは、本質を見えにくくします。真剣に向き合った結果にあるのがシンプルなのです。
　何かを理解するプロセスは、楽しい行為です。しかし、複雑なものを複雑なままにしておくことは、理解の楽しみを捨てることにつながります。これは実にもったいないことです。
　『図で考える。シンプルになる。』
　このプロセスを通じて、理解の楽しみや喜びを体感してください。

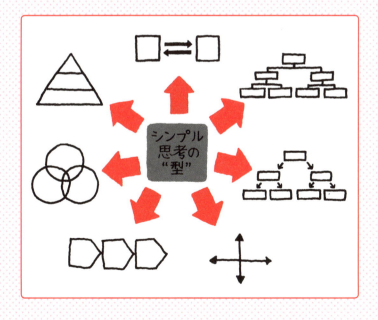

本書の使い方

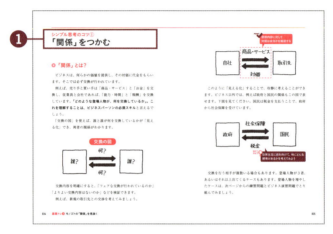

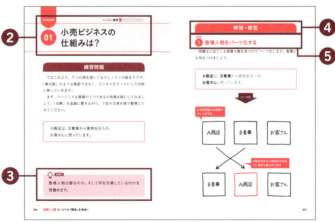

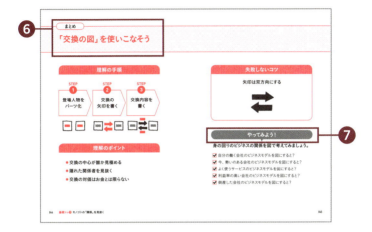

　本書は、図の表面的な見せ方のテクニックではなく、根本となる考え方の学習に比重を置いています。扱う図は全部で7つです。各章の冒頭の「シンプル思考のコツ」(❶)をよく読んでから、レッスン(❷)にとり組んでください。ヒント(❸)も用意してあります。各レッスンには解説・解答(❹)があるので答え合わせができます。解説はステップ毎に分かれており(❺)、丁寧に思考の流れをたどれます。

　また、レッスンの終わりにはまとめ(❻)を設けてあります。全体のおさらいができるほか、サンプル問題の「やってみよう！」(❼)を使った自習も可能です。

CONTENTS

はじめに　たった1枚の図に、あなたの思考が表れる..........................002
思考を磨き上げる「7つの図」とは? 010
本書の使い方...018

準備運動
図に慣れる　　　　　　　　　　　　025

基本中の基本、四角と矢印に慣れよう 026
ツリーの図にまとめてみよう 029
目に見えるものすべてが図解のテーマ 032

基礎トレ❶
モノゴトの「関係」を見抜く　　033

シンプル思考のコツ① 「関係」をつかむ..............................034
LESSON 01 小売ビジネスの仕組みは?.......................036
LESSON 02 グーグルにユーザーが支払っているものは? ... 040
まとめ「交換の図」を使いこなそう 044
図解バリエーション あえて矢印を省略する 046
[コラム] 図がまとまらないときは? 048

基礎トレ❷
詳細をヌケモレなく、つかむ　049

シンプル思考のコツ②「構造」をつかむ 050
LESSON 03 パソコンのファイルをグループ分けする 052
LESSON 04 色とりどりのヒット商品を分類すると？ 056
まとめ「ツリーの図」を使いこなそう 062
[コラム] わからないときは図で尋ねる 064

基礎トレ❸
「なぜ」「どうして」を突き詰める　065

シンプル思考のコツ③「要因」をつかむ 066
LESSON 05 残業が減らない要因は？ 068
LESSON 06 ユニバーサル・スタジオ・ジャパン復活の要因は？ ... 074
まとめ「深掘りの図」を使いこなそう 078
[コラム] 図で発想を膨らませる 080

基礎トレ❹
モノゴトを「比べる」　081

シンプル思考のコツ④「立ち位置」をつかむ 082
LESSON 07 パソコンの機種を比べて選ぶ 084
LESSON 08 ５つのSNSの「違い」はどこ？ 090
まとめ「比較の図」を使いこなそう 094
[コラム] 組織の多様性は図でわかる 096

基礎トレ❺
「流れ」を考える　097

シンプル思考のコツ⑤「手順」をつかむ 098
LESSON 09 提案書をまとめる手順は？ 100
LESSON 10 ユニクロの生産プロセスの特徴は？ 104
まとめ 「段取りの図」を使いこなそう 110
図解バリエーション 便利な2パターン 112

基礎トレ❻
「組み合わせ」を意識する　113

シンプル思考のコツ⑥「コンセプト」をつかむ 114
LESSON 11 Facebookをやめられないのはなぜ？ 116
LESSON 12 ハーゲンダッツの売り方の特徴は？ 120
まとめ 「重なりの図」を使いこなそう 124
図解バリエーション かけ算と足し算の違い 126

基礎トレ❼
方向性を決める　127

シンプル思考のコツ⑦「方針」をつかむ 128
LESSON 13 リピーターをどう増やす？ 130
LESSON 14 アマゾンの次なる一手を予想する 134
まとめ 「ピラミッドの図」を使いこなそう 140
[コラム] Before → After で比べる 142

応用

多面的に考える練習　143

図で考える人生戦略......144

人生戦略を考える① 何を成したいのか?......146

人生戦略を考える② 転職するか、とどまるか?......148

人生戦略を考える③ 自分の強みは何か?......152

人生戦略を考える④ 会社に何を求めるか?......153

人生戦略を考える⑤ どんな会社がベストか?......154

(復習) 7つの図の特徴・使い方......156

[コラム] 図で考える自己紹介、3つのメリット......158

習慣化して武器にする　159

習慣化のためにすべきこと......160

これまでとってきた読書メモ......162

『代官山 オトナTSUTAYA計画』
『センスは知識からはじまる』
『プロフェッショナルの条件』

これまでとってきた動画視聴メモ......166

星野リゾートの日本的なおもてなしとは?
イケアが安い3つの秘密

習慣化のワンポイントアドバイス......170

図の見せ方、語り方 171

伝達のための「図の使い方」....................................... 172

見せ方のポイント 173
①サイズ　②形　③色　④線　⑤距離

語り方のポイント 180

図で考え、図で語るために 184

おわりに　思考を磨き上げる図解本を目指して 186

準備運動

図に慣れる

基本中の基本、
四角と矢印に慣れよう

　７つの図のレッスンの前に、問題を２つ用意しました。題材は、「はじめに」でも登場した「桃太郎」。先ほどは全体の流れを図にしましたが、ここでは１シーンを切りとって図にします。頭を柔らかくするためのレッスンです。

問題

桃太郎は、犬にきびだんごを渡し、
味方にしました。

　どうでしょう。すぐイメージできましたか。

　「こんなのどうやって図にするの？」「そもそも、図にならないのでは……」と思われた方もいらっしゃるかもしれません。

　でも、諦めないでください。

　先ほど紹介した「７つの図」の中で、使えるものはありませんか？　登場人物は桃太郎と犬。両者の間で、何らかの「やりとり」が行われているようです。

　こうした寓話や、日常生活で目にする光景などは、「図で考える」最高のトレーニング題材です。「資料作成のときだけ図で考える」。これではいつまでたっても身につきません。

解説・解答

STEP 1 登場人物をパーツ化する

まず、問題文に出てくる登場人物を見つけてパーツ化します。

> **桃太郎**は、**犬**にきびだんごを渡し、
> 味方にしました。

STEP 2 交換の矢印を書く

次に、この2者の間で何らかの交換が行われていることを表すために、双方向の矢印を書きます。

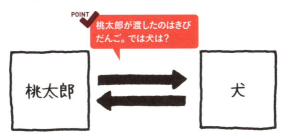

STEP 3 交換内容を書く

交換の内容は、「きびだんご」「味方する」になりますね。矢印にこの2つを書きます。

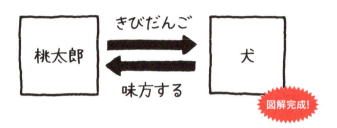

これで図は完成です。寓話のワンシーンを図にしましたが、この「交換の図」は、ビジネスシーンの交換（取引）も表せます。

● ビジネスシーンも表現できる！

例えば、部品メーカーと完成品メーカーの話に置き換えるとどうなるでしょうか。下図のように、四角の中の登場人物と矢印の交換内容を変えるだけで完成します。

ツリーの図に
まとめてみよう

問題は解けましたか？

では続けてもう1題、桃太郎の別のシーンを図にしてみましょう。

問題

桃太郎の家族はおじいさんとおばあさんです。

それから、仲間には犬と猿とキジがいます。

「わざわざ図にする内容ではない」と思われるかもしれません。しかし、こうした練習の積み重ねが、「図で考える」ためには必要なのです。

どんな図にまとめるといいでしょうか？　物語の登場人物がたくさん出てきます。桃太郎を支えるチームの構成をまとめてみましょう。今度は「ツリーの図」を使います。

解説・解答

STEP
① 登場人物をパーツ化する

まず、問題文に出てくる登場人物をパーツ化します。

029

桃太郎の家族は**おじいさんとおばあさん**です。
それから、仲間には**犬**と**猿**と**キジ**がいます。

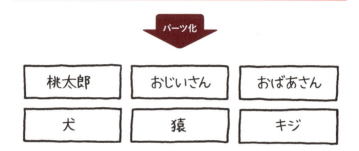

STEP 2 グルーピングする

問題文から、桃太郎を支えるメンバーは、「家族」のくくりと「仲間」のくくりの2グループあることがわかります。

桃太郎の**家族**はおじいさんとおばあさんです。
それから、**仲間**には犬と猿とキジがいます。

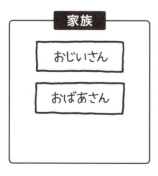

STEP 3 ツリーにまとめる

　桃太郎の下に2つのグループを置き、その下に各メンバーを配置します。こうして「チーム桃太郎」を表す図ができました。

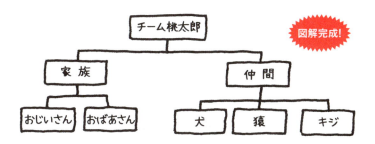

四角と線でスッキリ整理！

　この図も先ほどと同じく、ビジネスに応用が利きます。下図のように、桃太郎を会社に置き換えれば、組織図に変身します。四角と線を使うだけで、あらゆる組織を表現できるわけです。

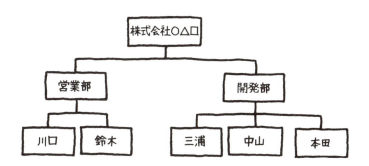

目に見えるものすべてが図解のテーマ

準備運動はいかがでしたでしょうか？

「桃太郎」がテーマということで拍子抜けされたかもしれません。でも英語も、ビジネスとは無関係の「I have a pen.」からスタートしますよね。

まずは、身近な題材や単純な題材で練習し、図に慣れていきましょう。**朝起きてから寝るまで、すべてが図解のテーマ**になり得ます。

会社までの通勤ルート。行列ができるランチ店の秘密。読み終わった本の要約。会議が長引く理由など、どんどん図にしていきましょう。

「資料作成のときだけ図で考える」のではなく、日々の積み重ねが重要なのです。

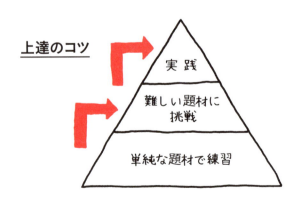

基礎トレ

1

モノゴトの「関係」を見抜く

シンプル思考のコツ①
「関係」をつかむ

● 「関係」とは？

　ビジネスは、何らかの価値を提供し、その対価に代金をもらいます。そこでは必ず交換が行われています。

　例えば、売り手と買い手は「商品・サービス」と「お金」を交換し、従業員と会社であれば、「能力・時間」と「報酬」を交換しています。**「どのような登場人物が、何を交換しているか」。これを理解することは、ビジネスパーソンの必須スキル**と言えるでしょう。

　「交換の図」を使えば、誰と誰が何を交換しているかが「見える化」でき、両者の関係がわかります。

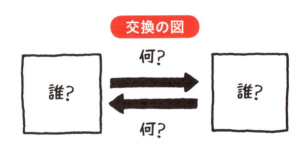

交換の図

　交換内容を明確にすると、「フェアな交換が行われているのか」「よりよい交換内容はないのか」などを検証できます。

　例えば、新規の取引先との交渉を考えてみましょう。

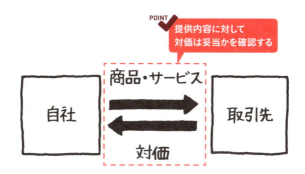

このように「見える化」することで、冷静に考えることができます。ビジネス以外では、例えば政府と国民の関係もこの図で表せます。下図を見てください。国民は税金を支払うことで、政府から社会保障を受けています。

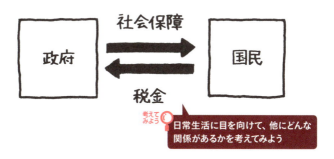

交換を行う相手が複数いる場合もあります。登場人物が3者、あるいはそれ以上出てくるケースもあります。登場人物を増やしたケースは、次ページからの練習問題とビジネス演習問題でとり組んでみましょう。

LESSON　　　　　　　　　　レッスン進捗

01 小売ビジネスの仕組みは？

練習問題

　ではこれより、7つの図を使いこなすレッスンの始まりです。「桃太郎」のような寓話ではなく、ビジネスをテーマにした内容に移っていきます。

　まず、ベーシックな業態の1つである小売業を図にしてみましょう。「交換」を念頭に置きながら、下記の文章を図で整理してみてください。

> A商店は、B青果から果物を仕入れ、
> お客さんに売っています。

HINT

登場人物は誰なのか。そして何を交換しているのかを見極めます。

解説・解答

STEP 1 登場人物をパーツ化する

問題文に出てくる登場人物を見つけてパーツ化します。配置にも気をつけましょう。

> **A商店**は、**B青果**から果物を仕入れ、
> **お客さん**に売っています。

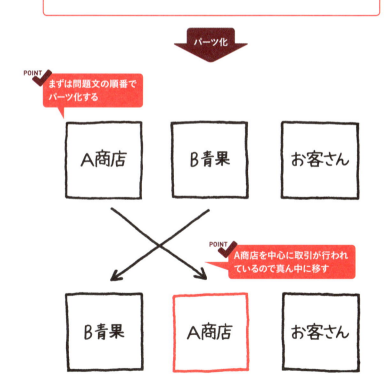

STEP 2 交換の矢印を書く

次に、この3者の間で何らかの交換が行われていることを表すために、双方向の矢印を書きます。

> **POINT**
> 何らかの交換が行われている関係であれば、必ず双方向の矢印が入れられる

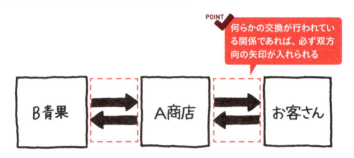

STEP 3 交換内容を書く

何が交換されているかを考えましょう。交換されているのは、果物とお金です。

B青果はA商店に果物を販売し、そしてA商店はその果物をお客さんに販売します。したがって、左から右の矢印には「果物」が入ります。

反対の矢印はどうでしょうか？ 果物に対して、A商店、お客さんは対価としてお金を支払うので、「お金」が入りますね。

　A商店を挟んで2つの交換が行われていることが「見える化」されました。図はこれで完成です。

モノとカネの動きに注目！

　先ほどの図は、小売業の一般的なビジネスモデルですが、下図のように置き換えることもできます。小売業者はメーカーから商品を仕入れ、それを仕入値より高い価格でお客さんに販売することで、儲けています。

　モノとカネの動きは、あらゆるビジネスの基本です。日ごろ目にするビジネスを四角と矢印で表現してみましょう。いいトレーニングになります。

LESSON 02

レッスン進捗 ▶

グーグルにユーザーが支払っているものは？

ビジネス演習問題

　世界中で最も使われている検索エンジンのグーグル。どのようなビジネスモデルなのでしょうか？　下記の文章を図で整理してください。

> ユーザーは無料でグーグルの検索サービスが使えます。ただし、検索結果には、広告が表示されます。

　小売ビジネスと比べると、少し複雑な話になってきました。ですが考えることは、前の問題と同じです。登場人物をパーツ化し、交換内容で結ぶだけ。日ごろ使うサービスだけに、その仕組みにも目を向けてみます。

 HINT

欠けている情報を補完しながら考えるようにしましょう。

基礎トレ❶ モノゴトの「関係」を見抜く

解説・解答

STEP 1 登場人物をパーツ化する

問題文に出てくる登場人物を見つけてパーツ化します。

> **ユーザー**は無料で**グーグル**の検索サービスが使えます。ただし、検索結果には、広告が表示されます。

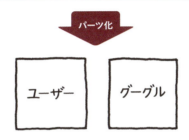

文章からはユーザーとグーグルの存在が見つかります。しかし、これですべてではありません。広告を出稿する広告主の存在が抜けているので加えます。広告主とユーザーは直接やりとりをせず、その間にグーグルが入って、交換の仲立ちをしています。そのため、交換の中心はグーグルです。

POINT 隠れている関係者もいるので見つけ出す

STEP 2 交換の矢印を書く

次に、この3者の間に双方向の矢印を書きます。

STEP 3 交換内容を書く

まず、グーグルと広告主の関係を考えましょう。

グーグルは広告主に広告枠を提供し、その代わりに広告料を受けとっています。したがって、この2者間の関係は下図のように表現できます。

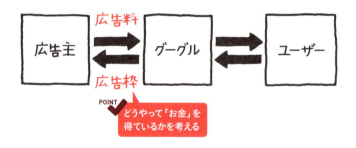

POINT どうやって「お金」を得ているかを考える

次は、グーグルとユーザーです。

ユーザーに対して、グーグルは検索サービスを提供しています。

しかし、検索サービスは無料です。ユーザーはグーグルにお金を払うわけではありません。

では、何を対価にしているのかというと、閲覧データをグーグルに渡しています。このデータが広告枠の最適化につながり、広告主がそこに価値を感じてお金を払うため、検索サービスを無料で提供しても、グーグルは困りません。
　したがって、グーグルとユーザー間の関係は下図のように表せます。

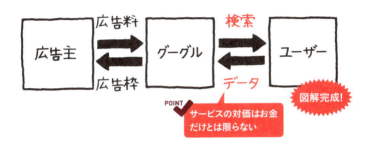

これが、グーグルの儲けの仕組み

　グーグルは、ユーザーの閲覧データをもとに、ユーザーの関心や趣味嗜好をつかみ、最適な広告を割り出します。そうして、質の高い広告枠を広告主に販売しています。

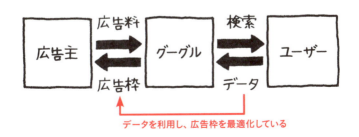

まとめ

「交換の図」を使いこなそう

理解の手順

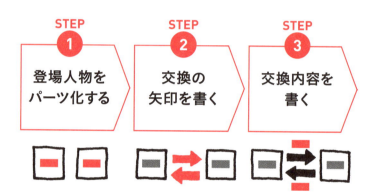

理解のポイント

- 交換の中心が誰か見極める
- 隠れた関係者を見抜く
- 交換の対価はお金とは限らない

失敗しないコツ

矢印は双方向にする

やってみよう！

身の回りのビジネスの関係を図で考えてみましょう。

- ☑ 自分の働く会社のビジネスモデルを図にすると？
- ☑ 今、勢いのある会社のビジネスモデルを図にすると？
- ☑ よく使うサービスのビジネスモデルを図にすると？
- ☑ 利益率の高い会社のビジネスモデルを図にすると？
- ☑ 倒産した会社のビジネスモデルを図にすると？

図解バリエーション

あえて矢印を省略する

　2つのレッスンを通じて、ビジネス上の関係を図にする方法を学びました。その際、「矢印は双方向にするのがコツ」と述べましたが、ここではあえて矢印を省略する場合の話をします。

　例えば、先ほどのグーグルの例では、ビジネスモデルを把握するために双方向の矢印を使いました。

　しかし、「データの流れ」を重視して考えたいときもあるでしょう。その場合は下図のように、片方向の矢印だけにしたほうがシンプルです。

「データの流れ」を重視した図

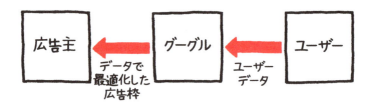

　基本は双方向の矢印を使いますが、ポイントをより際立たせるために、意図して片方の矢印を削っても構いません。

　もう1例挙げます。次ページの上図を見てください。A社とB社の技術提携を双方向の矢印で表現しています。

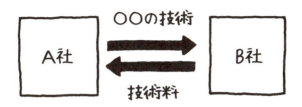

しかし場合によっては、細かい情報まで考えなくていいこともあります。A社とB社のどちらが技術を提供しているかさえわかればいいのであれば、片方向の矢印にします。下図を見てください。

技術の動きにフォーカスせずに、単に提携していることがわかればいいのであれば、さらに省略して線で表してもいいでしょう。

交換の内容をしっかり理解していれば、このように省略もできます。「交換の図」のバリエーションとして覚えておくと便利です。

COLUMN #1

図がまとまらないときは？

　図にまとめたいテーマがあるものの、どこから手をつければいいのかわからない。時間ばかりが過ぎていき、さらに焦りが増していく……。

　図解で陥るパニックには2種類あります。1つは、情報が不足していて全貌がつかめない。もう1つは、目の前に情報があり過ぎて、どうしたらまとまるのかわからない、です。

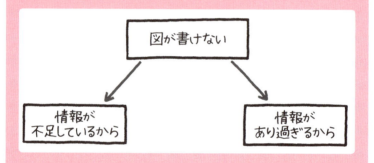

　情報が不足しているときは、足りないものを集めていきましょう。
　ではもう一方の、情報が目の前にあり過ぎるときはどうしたらよいのでしょうか。そんなときは、目の前の情報をフセンに機械的に転記していくのです。
　そうすると、何も手を動かさないときよりも前に進んでいる気がして、気持ちが落ち着きます。ただ書き写しとはいえ、図にする対象を"把握していく感触"を持つことができるのです。
　僕の実体験だと、この作業はデジタルツールを使うよりも、アナログで行ったほうが効果的です。うまくいかないときは、「あえて考えないで、手を動かす」という方法を試してみてください。

基礎トレ

2

詳細を
ヌケモレなく、つかむ

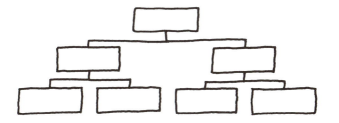

シンプル思考のコツ②
「構造」をつかむ

●「構造」とは？

「机や部屋が散らかっていて、何がどこにあるのか見つけられない」

こんな経験はありませんか？ 整理整頓されていない状態では、必要なものが素早くとり出せません。しかし、きちんと整理整頓されていれば、自分が探し出しやすいだけではなく、他の人に頼んで見つけてもらうこともできます。

構造とは、人体で言えば全体を支える骨格です。「ツリーの図」を使えば、構造を「見える化」できます。

モノや情報を整理整頓し、「どこに」「何が」あるかをわかるようにすることで、**ヌケ・モレ・矛盾、あるいは問題点・改善点を発見しやすくなります。**

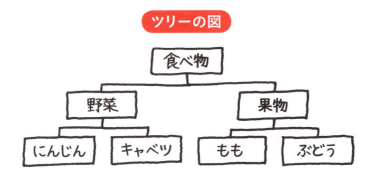

ツリーの図の代表例は組織図です。下図は、ある会社の営業組織の構造を明らかにしたものです。

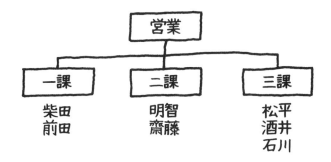

　活用法はまだまだあります。売上アップの施策を考える場合にも使えます。「売上＝客単価×客数」という構造を知っていれば、どちらか、あるいは両方にテコ入れが必要とわかります。

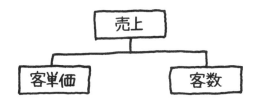

　「客単価」アップだけを考えれば、セット販売の導入などが有効かもしれません。「客数」アップだけを考えれば、値引きが効果的でしょう。ただし、それによってもう片方がダウンする可能性があるので、気を配る必要があります。そういったことを考えやすいのも、構造を「見える化」したおかげです。続く練習問題とビジネス演習問題を通じて、構造のつかみ方を学んでいきましょう。

パソコンのファイルを グループ分けする

練習問題

　パソコンを立ち上げると、下記の電子ファイルがデスクトップ上に散らかっています。これを整理整頓してみましょう。

A社向け提案書／B社向け提案書／提案書参考①／会社案内／競合分析資料／提案書参考②／見積書テンプレ／A社見積書／A社請求書／請求書テンプレ／経費精算テンプレ

　忙しいときはファイルの整理整頓ができず、作ったファイル、受けとったファイルをついついデスクトップに放置してしまいがちです。そして気がつけば散らかっていて、何がどこにあるかわからない。そんな光景をイメージしながら、この問題にチャレンジしてください。

グループ分けしやすい状態にしましょう。

解説・解答

STEP 1 パーツ化する

まず、各項目を扱いやすい状態にパーツ化します。あまり深く考えずに、項目を四角で囲みましょう。

パーツ化のメリットは、「全体を把握できる」「図にするときに移動したり、入れ替えたりするのがラクになる」の2つです。

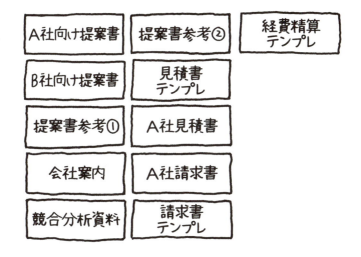

STEP 2 グルーピングする

内容が関連する項目を集めて、小さなグループを作っていきます。どのように分けられるでしょうか。

まずはわかりやすいところから、大きく「提案系」と「テンプレ系」のグループを作ります。下図を見てください。入らないものは「余り」にしておきます。

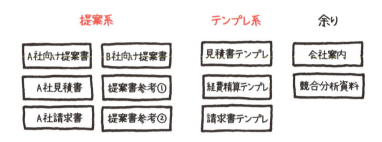

　「提案系」については、A社向けとB社向けが混在していてわかりにくいので、整理しましょう。A社でもB社でもないものは「参考」としてくくります。
　「会社案内」と「競合分析資料」はグルーピングから外れていますので、「その他」としてくくりましょう。この問題に限らず、多くの場合、余り項目が出てきます。数が少なければ、「その他」グループを作って、放り込んでおきましょう。

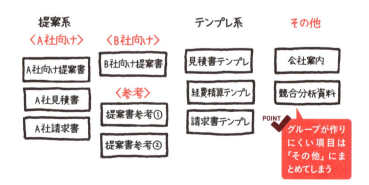

STEP 3 1つのツリーにまとめる

　グループ分けができたら、それをもとにツリー化します。すべてが集約される項目を最初に設置します。

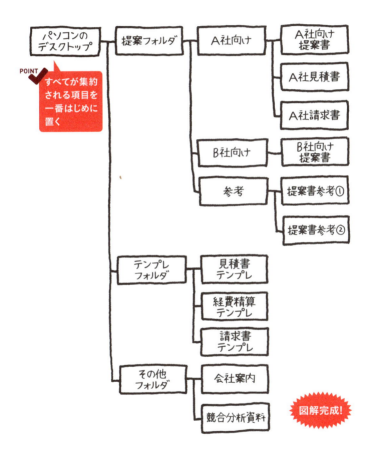

　「提案」「テンプレ」「その他」でフォルダ分けをすることで、パソコンのデスクトップがスッキリしました。

LESSON 04 色とりどりのヒット商品を分類すると?

ビジネス演習問題

　月刊情報誌『日経トレンディ』が毎年発表する「ヒット商品ベスト30」。下記は2016年のベスト10です。一見、バラバラの印象を受けます。

〈2016年ベスト10〉
ポケモンGO、君の名は。、IQOS、インスタグラム、メルカリ、スイーツデイズ乳酸菌ショコラ、新型セレナ、レノア本格消臭、クッションファンデ、グリーンスムージー

　これらをグルーピングし、1つのツリーにまとめてください。どのような構造になるでしょうか？

小さいグループを作って、最後に合体させてみると……。

解説・解答

STEP 1 パーツ化する

まず、各項目をパーツ化します。

STEP 2 グルーピングする

　内容が関連する項目を集めて、小さなグループを作っていきます。どのようなグループ分けができるでしょうか。少し考えてみてください。

わかりやすいところから分類していきます。

「ポケモンGO」「インスタグラム」「メルカリ」。一見無関係に見えますが、これらは「スマホアプリ」としてくくれます。

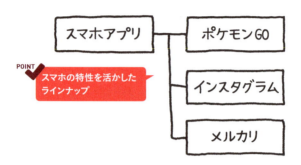

下図を見てください。残りは7項目です。どんな共通点があるでしょうか。

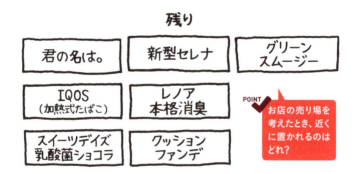

「IQOS」「スイーツデイズ乳酸菌ショコラ」「グリーンスムージー」が食品・嗜好品としてくくれそうです。

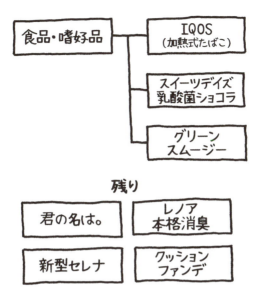

残る4つはバラバラです。それぞれ「アプリ」「食品・嗜好品」にあたるグループ名にひもづけておきます。しかし、これで終わりではありません。

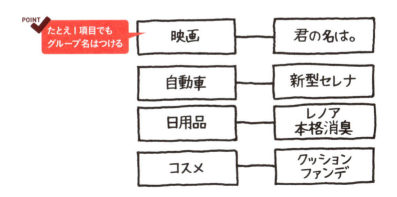

STEP 3 １つのツリーにまとめる

　下図を見てください。このようにグループ名をつけることで、スマホアプリと映画は「エンタメ」、食品・嗜好品と日用品とコスメは「生活品」といった具合にくくれそうです。残るのは「自動車」ですが、そこは「その他」にしておきます。

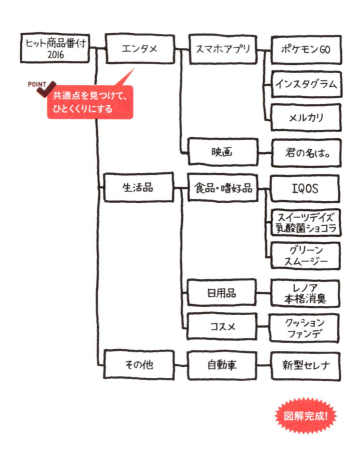

POINT 共通点を見つけて、ひとくくりにする

図解完成！

「共通点」を見つける４つのコツ

　グルーピングを行うには、共通点を見つける必要があります。すんなり見つかる場合もあれば、悩む場合も出てくるでしょう。悩んだときは、次の４つの切り口で考えてください。

切り口①　共通語から考える

　パソコンのグループ分けの問題では、「提案書」「Ａ社」「テンプレ」といった複数の項目に共通する言葉がでてきて、グループにまとまっていきました。

切り口②　売り場から考える

　ヒット商品の問題のように、商品・サービスをグルーピングする際は、「同じ売り場に置かれるのはどれだろう？」という視点で分けていくとイメージしやすくなります。

切り口③　機能から考える

　自動車と電車に共通するのは、移動機能を備えていることです。機能軸で考えていくと、テレビもゲームも「娯楽」を提供する点では同じです。可処分時間の奪い合いをする競合として扱うことができます。

切り口④　見た目から考える

　ショベルカーと象は、機械と生き物ですが、「大きい」という見た目でくくることができます。消防車とリンゴもまったく違うものですが、「赤い」という共通点があります。

> まとめ

「ツリーの図」を使いこなそう

理解の手順

STEP 1	STEP 2	STEP 3
パーツ化する	グルーピングする	1つのツリーにまとめる

理解のポイント

- グループが作りにくい項目は「その他」に
- 1項目でもグループ名をつけてOK
- ツリーにまとめるときは、すべてが集約される項目を最初に置く

基礎トレ❷ 詳細をヌケモレなく、つかむ

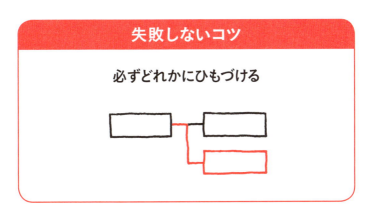

失敗しないコツ

必ずどれかにひもづける

やってみよう！

身近な題材の分類を図で考えてみましょう。

- ☑ 仕事のタスクを図で分類すると？
- ☑ 受信トレイにあるメールを図で分類すると？
- ☑ 机の上にあるものを図で分類すると？
- ☑ 冷蔵庫の中身を図で分類すると？
- ☑ 好きな映画（本・漫画）を図で分類すると？

COLUMN #2

わからないときは図で尋ねる

上司から次の指示を受けたとします。
「X社から見積もりをとったら、他と比較し、最後はY課長と相談して発注しておくように」

上司が急いでいる様子だったので、その場ではメモをとるだけで、細かい確認までする時間がありませんでした。あとからメモを見返すとモヤモヤします。上司が言っていることの大筋はわかるものの、肝心な点が曖昧なためです。そこで図にしてみると、

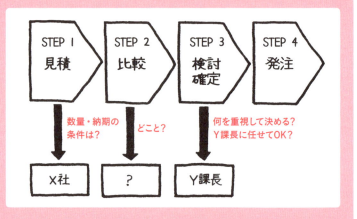

図中にいくつか「？」があります。これがモヤモヤの正体です。図を上司に見せ、「？」に答えてもらいましょう。この方法ならば、どのポイントが不明かがパッとわかり、聞かれたほうも穴埋め問題に答えるようで手軽です。

「？」が残っている状態の図を、人に見せることに抵抗を覚えるかもしれません。しかし、質問目的であれば「？」が残っている図でも大丈夫です。

基礎トレ

3

「なぜ」「どうして」を突き詰める

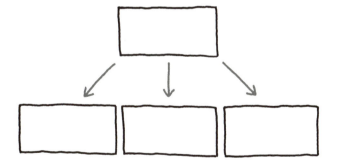

シンプル思考のコツ③
「要因」をつかむ

● 「要因」とは？

「売上を上げるにはどうしたらいいか？」「どうしてあのチームは強いのか？」。成功や失敗の要因は1つではなく、複数が絡み合っている場合が多いもの。下図は、「最近、急成長しているA商事の強さの秘密」をまとめたものです。

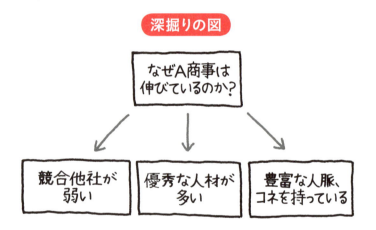

「要因」と似た言葉に、「原因」があります。何かが起きた理由が1つの場合は、「原因」と言うことが多いのですが、ここでは複数のさまざまな理由を探っていきたいため、「要因」を使います。

「深掘りの図」は要因を見極めるのに使えます。**要因をしっかり分析できれば、複数の打ち手を考えられる**ようになります。

　下図を見てください。「優秀な人材が多い」「豊富な人脈、コネを持っている」はコントロール可能なことで、A商事だけの特権ではありません。

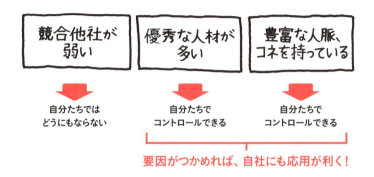

　次は、「優秀な人材が多い」「豊富な人脈、コネを持っている」のどちらかに絞って、A商事の強みを深掘りしていきましょう。人材採用、人材育成、自社ブランドの構築、人脈作りなど、自社の課題が見えてくるかもしれません。

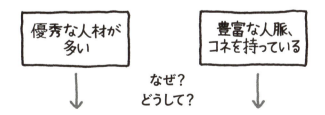

　続く練習問題とビジネス演習問題を通じて、複合的な視点で考えるトレーニングを積みましょう。

LESSON 05
残業が減らない要因は?

レッスン進捗

練習問題

「働き方改革」が話題になる中で、残業問題への注目が高まっています。残業問題となると、会社や管理者が考えるものと思うかもしれませんが、働く誰もが当事者です。自分にもできることがあるかもしれません。「どうしたら残業がなくなるのか?」を考えるには、「なぜ残業が発生してしまうのか?」を把握する必要があります。

下記の文章をもとに、「なぜ残業が減らないか」を探っていきましょう。

> 残業が発生する理由は、大きく2つに分けられそうです。1つは「何らかの事情で、帰りたくても帰れない」。もう1つは、「本当は帰れるのに、帰らない」です。

HINT

「なぜ?」「どうして?」を繰り返して掘り下げていきます。

 「なぜ」「どうして」を突き詰める

解説・解答

STEP 1 なぜかを考える

　ではまず、「何らかの事情で、帰りたくても帰れない」について考えてみましょう。これは、「上司・同僚に気兼ねするなど帰れない雰囲気が職場にある」「そもそも仕事が終わらない」「契約上、待機の必要がある」などが考えられます。

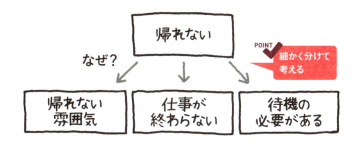

　では次に、「本当は帰れるのに、帰らない」についても同様に考えてみます。思いつく限り、書いていきましょう。

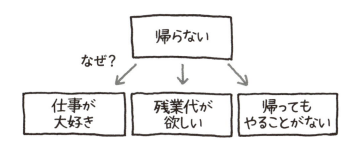

STEP 2 Q&Aを繰り返す

　帰りたくても帰れない理由は3つありました。その中で、「仕事が終わらない」に関しては、さらに深掘りできそうです。
　なぜ仕事が終わらないのでしょうか？
　1つは、労働時間に対してそもそもの仕事量が多い。もう1つは、仕事量は適正なのに、作業効率が悪いために終わらない。この2つが考えられます。

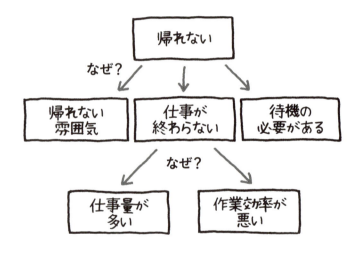

　同様に、帰れるのに帰らない理由についても、掘り下げられるところを見つけます。
　次ページの上図を見てください。3つの中で、「残業代が欲しい」に関しては、「もともとの給料が少ない」と、給料は十分だけど「もっとお金が必要」の2つが考えられます。

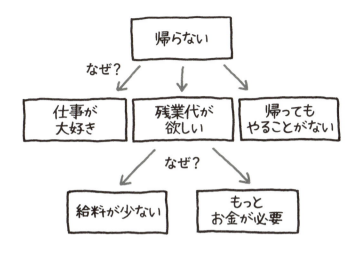

STEP 3 １つにまとめる

全体を１つに統合して、もっと考えられることがないか見直していきます。

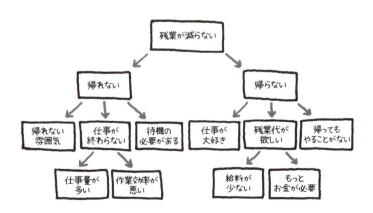

こうして全体を俯瞰すると、残業が減らない要因の中には、「職場の問題」と「個人の問題」の両方が混在していることがわかります。

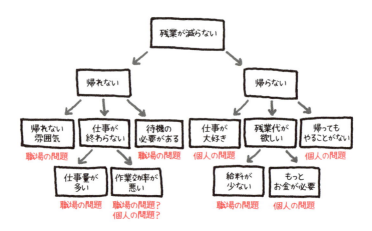

　この中で「作業効率が悪い」に関しては「職場の問題」か「個人の問題」かまだはっきりしません。そこで、もう一段そこだけ掘り下げて、クリアにします。

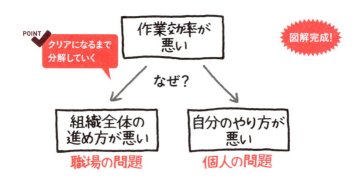

「これ以上は掘り下げられない」となったら終了です。

このように要因がわかってくると、「職場で考えなくてはいけないこと」と「個人で考えなくてはいけないこと」がはっきりして、対策を考えやすくなります。

分岐させるときは必ず複数

深掘りの図では、下図のように必ず複数に展開させます。分岐できなくなったら、そこで終わりにします。

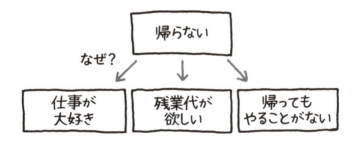

しかし複数に分岐せず、矢印が1つになる場合は、1つにまとめましょう。無駄な情報を減らすためです。

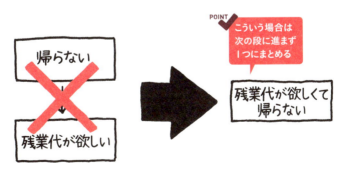

LESSON 06 ユニバーサル・スタジオ・ジャパン復活の要因は?

ビジネス演習問題

　一時は集客に苦しみ、経営も危ぶまれたユニバーサル・スタジオ・ジャパン（USJ）。何がダメだったのか。下記の情報をもとに、図を使ってその要因を探っていきましょう。

> USJが業績不振だった頃の話です。業績不振にはいくつかの要因がありました。映画ファンを対象にしたテーマパークだったため、ターゲットが限られていました。それから、立地が関東よりも市場規模の小さい関西でした。集客の苦戦に加えて、チケット代の問題もありました。東京ディズニーランドが日本におけるテーマパークの価格基準になってしまって、世界標準には遠い、安い価格帯になっていました。値上げ時に客足が遠のかないかも心配です。
>
> 参考文献：『USJを劇的に変えた、たった1つの考え方』（森岡毅著／KADOKAWA）

HINT

不振の要因をはっきりさせて、打ち手を見つけます。

解説・解答

STEP 1 なぜかを考える

まず、業績不振の大きな要因に何があるかを掘り下げます。

> USJが業績不振だった頃の話です。業績不振にはいくつかの要因がありました。映画ファンを対象にしたテーマパークだったため、ターゲットが限られていました。それから、立地が関東よりも市場規模の小さい関西でした。**集客の苦戦**に加えて、**チケット代の問題**もありました。東京ディズニーランドが日本におけるテーマパークの価格基準になってしまって、**世界標準には遠い、安い価格帯**になっていました。値上げ時に客足が遠のかないかも心配です。

文章を読み解くと、大きな要因は2つに分けられます。1つは「集客の苦戦」。もう1つは「世界標準と比べ、チケット代が安い」です。

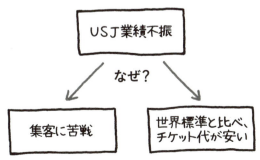

STEP 2 Q&Aを繰り返す

　今度はそれぞれを掘り下げます。「集客に苦戦」している点については、映画ファンのみを対象にしていたため、ターゲットが狭かった点。そしてUSJの拠点である関西が、関東と比べて市場が小さい点が挙げられます。

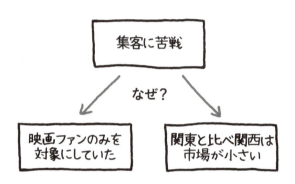

　それから、「世界標準と比べ、チケット代が安い」点については、東京ディズニーランドが価格の基準になっていることと、値上げした場合に客足がさらに遠のく恐れがあること、この2つが挙げられます。

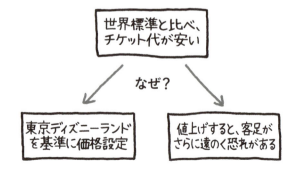

STEP 3 1つにまとめる

全体を1つに統合し、対策を考えます。

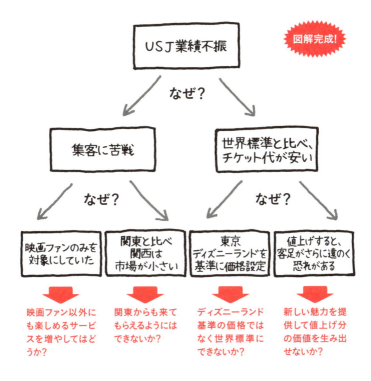

　要因がわかれば、対策も立てられます。実際にUSJは、映画ファンだけではなく幅広い層をとり込むために、『ワンピース』など人気コミックとのコラボ企画を実施しました。顧客満足度を高めた結果、入場料の値上げにも成功します。収入が増えれば新しいサービスに投資ができる。この好循環を作ったのです。

まとめ

「深掘りの図」を使いこなそう

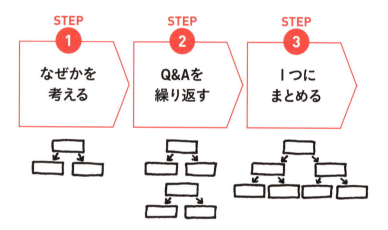

理解のポイント

- 細かく分けて考える
- 「これ以上掘り下げられない」ところまで分解する

失敗しないコツ

次の段に進むときは必ず複数

○（2つの箱に分岐）　　×（1つの箱に分岐）

やってみよう！

身の回りの深掘りしたいことを図で考えてみましょう。

- ☑ 売上が伸びないのはなぜか？
- ☑ なぜあのお店にまた行きたいのか？
- ☑ なぜ上司はいつもイライラしているのか？
- ☑ 試合に勝てないのはなぜか？
- ☑ なぜ憧れの彼女とつき合えないのか？

COLUMN #3

図で発想を膨らませる

　図を前にすると、「このパーツを移動させ、これをこっちに」といった具合に動かしたくなります。

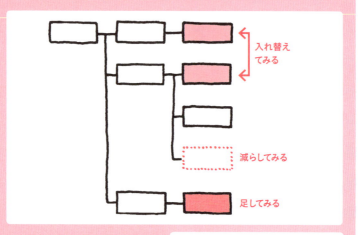

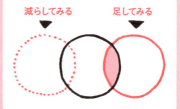

　入れ替え、足し算、引き算をして発想を膨らませましょう。「新しいアイデアは、既存のアイデアの組み合わせから生まれる」と言いますが、図は要素の組み合わせを試すのに最適なツールです。図で発想を膨らませましょう。

　アイデアは、論理的に考え過ぎると面白みがなくなり、小さくまとまったものになりがちです。適度に感覚的に動かすことで、発想を広げましょう。

基礎トレ

4

モノゴトを「比べる」

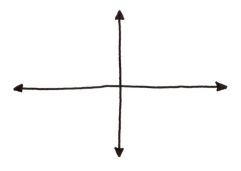

シンプル思考のコツ④
「立ち位置」をつかむ

● 「立ち位置」とは？

　似たような商品・サービスが多い中で、そこから一歩抜きん出るには「違い」が必要です。違いを比べる場合、例えば料理店であれば、味、値段、店員の対応、お店の広さ・清潔さなどいくつかの切り口があります。

　すべての切り口を使って総合的に比較してもよいのですが、そうすると一長一短が出てきて、優劣をつけられません。

　比べる場合は、特に重視する切り口に絞って比べましょう。「違い」がはっきりします。

　「立ち位置」とは、「比較対象それぞれが置かれている状況」のことです。**立ち位置がはっきりすれば、客観的に比較・検討できます。**

　例えば、自社で商品・サービスを企画するときのことを考えてみましょう。競合との立ち位置の違いを明確にする必要があります。その際に使えるのが「比較の図」です。

　次ページの上図は「タテ軸：デザイン性」「ヨコ軸：機能性」という切り口になっています。

　そこに競合商品を配置することで、「自社がどこを目指すべきか」が明らかになります。このように交差する２つの軸で、比較していきます。

比較の図

デザイン性 高 / 低
機能性 低 / 高

ココを目指す

下図は、アパレルブランドの比較をイメージしています。この図が面白いのは、数値化できる定量的な切り口と、数値化できない定性的な切り口を組み合わせた比較もできる点です。

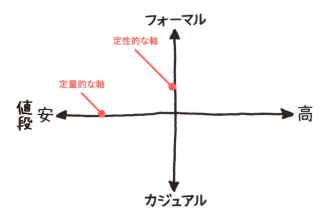

続く練習問題とビジネス演習問題では、「定量×定性」の軸と「定性×定性」の軸を使って比較の図の使い方を学びます。

LESSON 07 パソコンの機種を比べて選ぶ

練習問題

本レッスンのテーマは「モノゴトを比べる」です。下記の文章を図で整理してください。

> ノートパソコンの買い替えを検討しています。外での作業が多いので、重量、バッテリーが気になります。重量を気にしているからといって、処理性能が低くてもいいというわけではありません。逆に、値段はそこまで気にしません。候補は次の4機種です。

機種	重量	バッテリー	性能	値段
A	○	△	○	○
B	◎	△	△	△
C	△	○	○	○
D	×	◎	◎	×

084　基礎トレ❹ モノゴトを「比べる」

機種は4つ。そして比較項目も4つあります。どのように比較すればいいでしょうか。

何を最も重視するのかを考えます。

解説・解答

STEP 1 タテ軸を決める

4つの切り口から、一番重視する切り口を決めて、それをタテ軸に置きます。問題文を読むと、値段はそこまで気にしないとあるので、「重量」「バッテリー」「性能」の3つから選びます。

この中では、最初に出てくるのが「重量」という言葉で、かつ2回登場しているので、重視していることがわかります。

> ノートパソコンの買い替えを検討しています。外での作業が多いので、**重量**、バッテリーが気になります。**重量**を気にしているからといって、処理性能が低くてもいいというわけではありません。逆に、値段はそこまで気にしません。候補は次の4機種です。

タテ軸には最も重視している「重量」を置きます（理由は88ページで説明します）。重量には「軽い」「重い」の両極があります。タテ軸を設定する際、どちらを上にしたらいいでしょうか。

下図のように2つの選択肢があります。

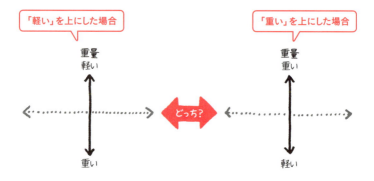

タテ軸には、比較時に重視するほう（ここでは「軽い」）を上に置きましょう。これでタテ軸の設定が終わりました。

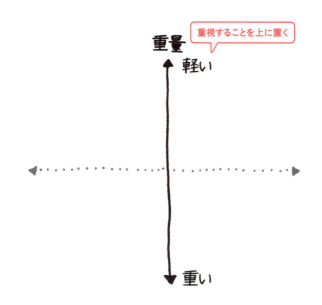

STEP 2 ヨコ軸を決める

　ヨコ軸の候補は残る「バッテリー」と「性能」です。注目したのは次の一文です。

> 重量を気にしているからといって、処理性能が低くてもいいというわけではありません。

　ここから「重量」と「性能」をトレードオフにしたくない意図が見えます。そこでヨコ軸には、「バッテリー」ではなく、「性能」を置くことにします。

　タテ軸の上下を決める際、重視することを上にしました。ヨコ軸では重視することを右に置きます。

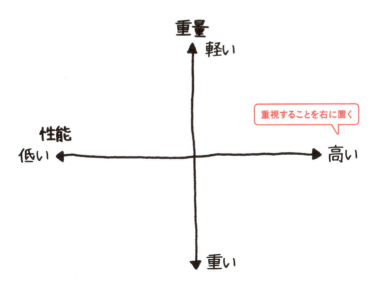

STEP ❸ 比較対象を配置する

タテ軸とヨコ軸が設定できました。ここに比較対象を配置していきます。下図を見てください。

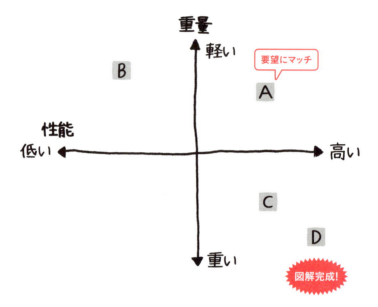

図に配置することで、どの機種が条件に合うか考えやすくなりました。求めているのは、「軽くて、性能が高い機種」ですので、右上のAが該当します。

タテ軸がなぜ重要なのか？

STEP❶で、タテ軸に一番重視したい切り口を設定すると述べました。なぜそうするといいのでしょうか。

仮に、一番重視する切り口（重量）をヨコ軸に設定したとします。下図を見てください。図の上部に「A、C、D」が並んでいます。

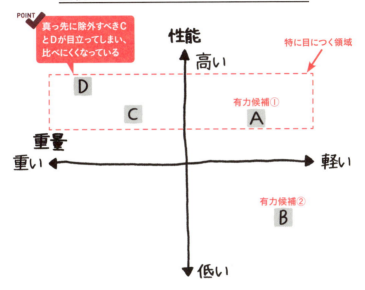

重視する切り口をヨコ軸に設定した場合

　「重量」を重視するので、有力候補はAとBの2つのはずです。ところが、Aと同じ上部にあるCとDの存在が目立っており、大切なことがひと目でわかりません。
　タテ軸に重視する切り口を設定し、かつ比較時に重視することを上に置けば、有力候補が図の上半分に集まってくれます。そのほうが直感的な比較が行えます。

LESSON 08

レッスン進捗

5つのSNSの「違い」はどこ?

ビジネス演習問題

　ビジネスでは取引先を決めたり、利用するサービスを決めたりする際に、比較して意思決定をすることがよくあります。

　ここでは身近なSNSを例に、サービス比較の演習を行います。下記の5つのSNSを2軸で比べてみましょう。

> 代表的な5つのSNS、LINE、Facebook、Twitter、Instagram、LinkedInの立ち位置を比較してください。

　「利用シーン」「ユーザー数」「機能」「使いやすさ」など、切り口はいろいろ考えられます。どのような軸を設定して比較するのがよいでしょうか。

 HINT

定量データが手元にない場合は、定性的な切り口で比較します。

基礎トレ④ モノゴトを「比べる」

解説・解答

STEP 1 タテ軸を決める

答えは1つではないので、皆さんも思いつく限り考えてください。ここでは解答例として、立ち位置の違いが顕著に分かれる「利用シーン」をタテ軸に置きます。

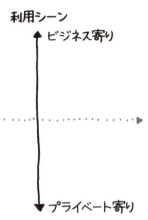

STEP 2 ヨコ軸を決める

ヨコ軸には、「やれること」を設定し、限定的か幅広いかを比べられるようにします。

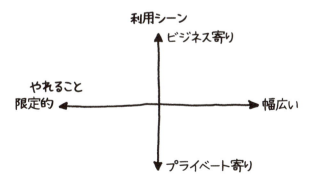

STEP 3 比較対象を配置する

タテ軸とヨコ軸が設定できました。ここに比較対象を配置していきます。

まず利用シーンから考えてみましょう。

ビジネス寄りなのはLinkedIn、そしてFacebook。逆にプライベート寄りなのは、Twitter、Instagram、LINEです。

次にやれることで考えてみましょう。

機能が盛りだくさんで、派生サービスも多いFacebookとLINEが幅広いと言えます。一方、つぶやきが主体のTwitter、写真投稿がメインのInstagram、ビジネス求人サービスのLinkedInは限定的です。さっそく配置してみましょう。

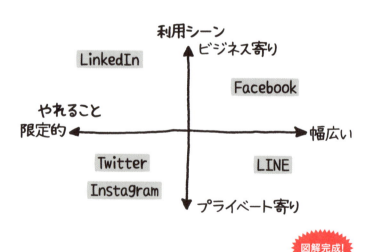

図解完成!

会議、打ち合わせに最適！

　ユーザー数のような定量的なデータを軸に設定する場合は、客観的に位置を指定できます。

　ところが、先ほどの解答例のように、定性的な内容を切り口にした場合は、アンケートや取材で裏づけを強化することはできるものの、配置は主観的にならざるを得ません。

　「比較の図」を使って立ち位置を理解する場合は、そこを割り切って使うようにします。同じ題材でも他の人が図にまとめると、まったく違った結果になることがあります。

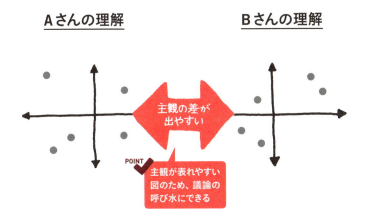

　この図の魅力は、こうした理解のゆらぎにあります。何を切り口にするか、どの基準で配置するかによって、図の仕上がりが大きく変わるのです。議論の呼び水に最適なため、打ち合わせや会議で積極的に使っていきましょう。

> まとめ

「比較の図」を使いこなそう

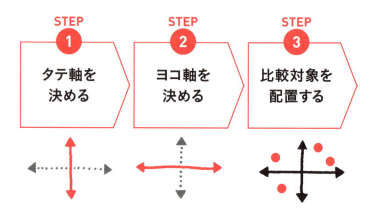

理解のポイント

- タテ軸は重視していることを上に
- ヨコ軸は重視していることを右に
- 定性的な切り口の場合、主観が表れやすいと割り切る

失敗しないコツ

一番重視する切り口は、タテ軸に

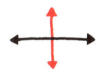

やってみよう！

身近なビジネスにおける立ち位置の違いを図で考えてみましょう。

- ☑ 新規の取引先候補を比べると？
- ☑ 自分の会社とライバル会社。その違いは？
- ☑ 成功したプロジェクト、失敗したプロジェクトの違いは？
- ☑ 自社のロングセラー商品の客層は？
- ☑ 新商品はどの立ち位置を狙う？

COLUMN #4

組織の多様性は図でわかる

　企業研修で、参加者の方に共通の題材を図にしてもらうと、面白いことが起こります。「自分たちの会社の特徴を図にまとめてみてください」というお題にとり組んでもらったときのことです。各自が書いた図を見比べていくと、似たような考えを持っている人、少し違った考えを持っている人がわかります。

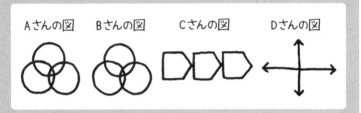

　図には、その人が考える切り口が凝縮されます。いわば、思考回路そのものです。

「AさんとBさんは考え方が似ている」
「Cさんはこんなふうに思っていたんですね」
「Dさんの視点は新しい」

　こうしたことが図で明らかになるのです。お互いの考えの相違がわかると、その上で議論できるので、理解が深まります。言葉だけだと違いがはっきりしなかったり、意図せず衝突してしまったりするかもしれません。しかし、目に見える図を使ってワンクッション置くと、冷静になれて、議論がスムーズに進みます。

基礎トレ

5

「流れ」を考える

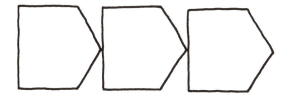

シンプル思考のコツ⑤
「手順」をつかむ

●「手順」とは？

「アイデアは盛り上がったのに、実行されない」
「段取りがグダグダしていて動きが鈍い」

こんな経験はありませんか？ もちろん、アイデアの実現性が乏しくてうまくいかないこともあるでしょう。しかしそれ以上に、「アイデアはいいのに実行されない」ことのほうが多いのではないでしょうか。

どんなすぐれたアイデアも、実行されなければ絵に描いた餅です。「手順」とは、実行できる状態にすることです。

「段取りの図」は、**手順を明確にして、アイデアを実現させるために使います。**下図のようにステップ単位で、目標・目的までの道のりを「見える化」します。

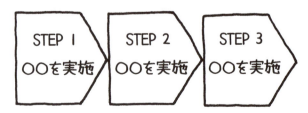

段取りの図

例えばシステム開発の手順で言えば、大まかに次の4ステップに分かれます。

手順がわかれば、関係者と流れを共有して、認識を合わせることができます。下図のように問題になりそうなステップを予測して、事前に対策を考えることも可能になります。

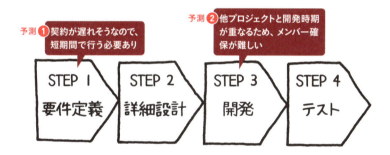

アイデアの発想段階で、あまり細かく手順のことを考えると、発想が狭まるのでよくありません。しかし、アイデアを実行に移す段階では、手順もセットで考える必要があります。続く練習問題とビジネス演習問題を通じて、手順を図にまとめる方法を学びましょう。

LESSON

提案書をまとめる手順は？

練習問題

　大半のビジネスは提案から始まります。お客さまの課題やニーズに応える提案を行うために、皆さんはどんな手順を経て、提案書を作りますか？
　下記の文章は、提案書作りの流れを整理したものです。提案書完成までの一連の行動を図にしてみてください。

> クライアント企業各部門の数名の方にヒアリングを行いました。そこからお客さんの持つ課題が見えてきたので、今度はそれをもとに社内でメンバーを集めてどんな解決策が考えられるかリストアップしました。その中には受け入れやすそうなもの、受け入れにくそうなもの、実現性の高いもの・低いものなどがあったので3案に絞り、提案することにしました。それぞれの費用感・スケジュール感も大まかに揃えることにしました。

1つひとつ行動を分解して見ていきます。

解説・解答

STEP 1 ステップ数を考える

問題文から、ステップがいくつあるかを見つけ出します。提案書完成までの道のりを考えてみましょう。

POINT：自分が普段していることを思い浮かべる

> クライアント企業各部門の数名の方に①**ヒアリング**を行いました。そこからお客さんの持つ②**課題が見えてきた**ので、今度はそれをもとに社内でメンバーを集めてどんな③**解決策が考えられるかリストアップ**しました。その中には受け入れやすそうなもの、受け入れにくそうなもの、実現性の高いもの・低いものなどがあったので④**3案に絞り、提案**することにしました。それぞれの⑤**費用感・スケジュール感も大まかに揃える**ことにしました。

POINT：全部で5つのステップを発見

STEP 2 ステップを用意し、説明を書く

文章から、①〜⑤のステップがあることがわかりました。そこで、矢印の箱を用意します。

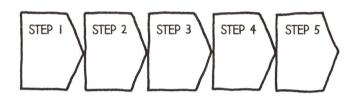

下図を見てください。このように文章でチェックした部分を各ステップに入れていきます。「抜粋だと意味がわからない」「一文が長すぎる」といったものもあるかもしれません。しかし現時点では、そのままにしておきます。

POINT 言葉が足りなくて、意味が通じなくても、ひとまずOK

POINT 多少長くなっても、そのまま入れる

STEP 3 説明を磨く

各ステップの説明を磨いていきましょう。下図のように「意味が通じる」「できるだけ短くする」を意識して、図を仕上げます。

ステップ数が多いときはどう表す？

今回は5ステップでしたが、もっとステップ数が増えることもあるでしょう。そんなときは下図のように、四角と矢印を使い、説明を縦書きにするのも有効です。そうすると、目的・目標までの「手順」がコンパクトに表せます。

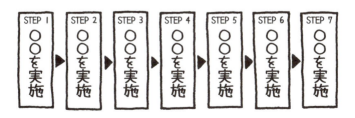

LESSON

ユニクロの生産プロセスの特徴は？

ビジネス演習問題

　「製造小売業」モデルで成功したユニクロ。日本での成功を皮切りに、アメリカ、中国、韓国、フランスと、世界中に進出しています。その勢いはとどまるところを知りません。ユニクロの生産プロセスには特徴があります。下記の文章をもとに、そのプロセスを図にまとめてみてください。

> ユニクロは、「製造小売業」モデルを標榜し、一般的な小売業と違い、製品の企画、素材メーカーと協力した素材開発、製造メーカーと協力した生産、実店舗・オンラインでの販売、サポートまでを一貫して手がけています。

※執筆時点で、ユニクロは「情報製造小売業」を掲げ、「製造小売業」をさらに進化させようとしています。まだその成果は出ていないため、本書では従来の「製造小売業」モデルとして扱っています。

 HINT

「段取りの図」だけで表せない部分は、他の図と組み合わせて考えます。

解説・解答

STEP 1 ステップ数を考える

　「製造小売業」と聞くと、「製造業」と「小売業」が合体したものだと直感的に思うでしょう。

　しかしそれだけでは、ユニクロの強さは見えてきません。そこで、業務の流れに注目してみます。

　業務プロセスを見ていくと、いくつもの工程が分断せずに一気通貫になっていることがわかります。

　問題文をよく読んで、どんなステップで業務が進んでいるかを把握します。

POINT ✔ 「製造小売業」の言葉から「製造」「小売」の2ステップに感じられるが、惑わされない

　ユニクロは、「製造小売業」モデルを標榜し、一般的な小売業と違い、**①製品の企画**、**②素材メーカーと協力した素材開発**、**③製造メーカーと協力した生産**、**④実店舗・オンラインでの販売**、**⑤サポート**までを一貫して手がけています。

POINT ✔ 「企画」「開発」といった役割の違いを意識すると、プロセスを正しく区切れる

STEP 2 ステップを用意し、説明を書く

文章から、①〜⑤のステップがあることがわかりました。そこで、矢印の箱を用意し、文章をはめ込みます。

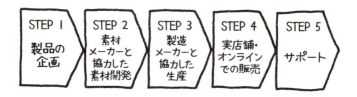

STEP 3 説明を磨く

各ステップの言葉を短く、わかりやすくします。下図の「STEP 2　新素材開発」や「STEP 3　生産」のように、ユニクロ以外の会社が登場するプロセスがありますので、ユニクロ以外の関係者（各メーカー）の四角を新たに作ります。

ユニクロと素材メーカー、そして製造メーカーとの関係を考えてみましょう。それぞれを「交換の図」で表すと、下図のようになります。

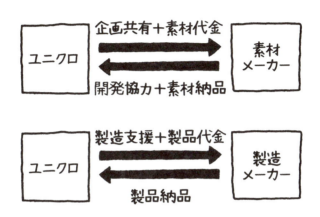

　両者との関係性がわかったところで、「段取りの図」と「交換の図」を合体させます。これで完成です。

下図のようにメインの流れとサブ情報が1つにまとまりました。

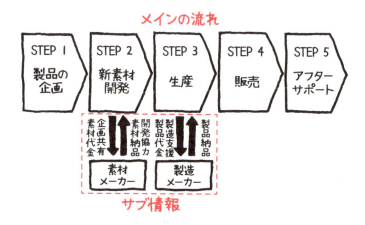

サブ情報で補強されているステップが、まさにユニクロの強みにつながっています。

素材メーカーとの新素材開発によって、顧客ニーズを素材レベルから反映できます。さらに、製造メーカーとのタッグが、高品質な商品の安定的な確保につながっています。

ユニクロの強さの秘密は、素材メーカー、製造メーカーとの直接取引にあります。

メインの流れとサブ情報を、あえて分けて書くことによって、こうした特徴が浮かび上がってきました。

「段取りの図」で失敗しないコツは、この例題のように、メインの流れとサブ情報を分けることです。メインの流れは一方向に進むようにし、細かい情報はサブ化します。

まずメインの流れを考える

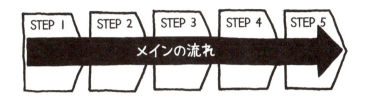

　先ほどの問題では、サブ情報に会社の強みを読み解くカギが隠されていました。しかし、「段取りの図」でまず優先すべきは、全体の手順や流れを理解することです。

　その上で、メインの流れにつけ加える特徴的な話（「関係者が登場する」など）が出てきたときは、無理に混ぜずに、サブ情報として扱いましょう。

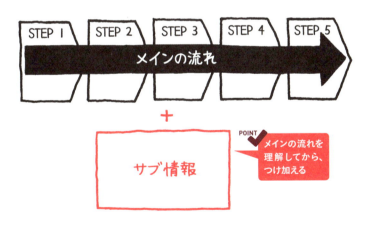

> まとめ

「段取りの図」を使いこなそう

理解の手順

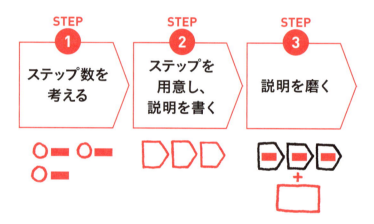

理解のポイント

- ステップ内の言葉は最初、ざっくりでOK
- ステップ内の説明はMAX3行でまとめる
- つけ加えたいことは、メインの流れとは別にする

失敗しないコツ

メインの流れは一方向にする

やってみよう！

身の回りの手順を図で考えてみましょう。

- ☑ ルーティンワークの手順を図にすると？
- ☑ 契約締結までの手順を図にすると？
- ☑ 製品が流通するまでの流れを図にすると？
- ☑ 忘年会実行までの手順を図にすると？
- ☑ 海外旅行の計画を図にすると？

図解バリエーション

便利な2パターン

「段取りの図」はメインの流れを作り、必要あればサブ情報を補足するものでした。この他にも、次のバリエーションを覚えておくとよいでしょう。

(1) 矢印をずらす

1つは、矢印を縦にずらすパターンです。担当部署や担当者ごとの「to do」を明確にでき、さらに前後の工程の重なりも表現できます。

	担当	4月	5月	6月	7月
要件定義	○○○	▬▶			
詳細設計	○○○		▬▶		
開発	○○○			▬▶	
テスト	○○○				▬▶

(2) 詳細をまとめる

手順の詳細をまとめようと思うと、上の図のパターンでも難しいときがあります。そんなときは、右の図のように四角と矢印に分解してみましょう。

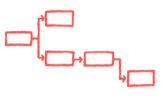

この形を使えば、一方向の流れを崩さず、分岐も表すことが可能です。手順化する内容が「大まかな流れ」なのか「細かな流れ」なのかによって、図を使い分けられるようになりましょう。

基礎トレ

6

「組み合わせ」を意識する

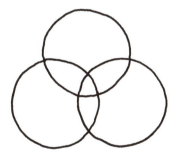

シンプル思考のコツ⑥
「コンセプト」をつかむ

●「コンセプト」とは？

世の中には、すでにたくさんの商品やサービスが存在します。

さらに、ちょっとやそっとでは差別化できないため、ウリや特徴は1つではなく、複数の要素が組み合わさっています。

このような状況では、新しい商品やサービスの説明を聞いてもすぐには理解できません。

そこで役立つのが「重なりの図」です。**この図を使うと、複数の特徴を組み合わせて考えるのを助けてくれます。**自分の考えを深めるときはもちろん、誰かに説明する際にも効果抜群です。

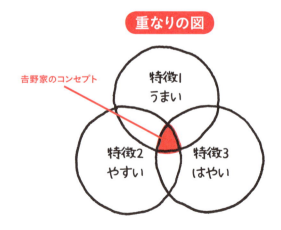

◉ 強みや特徴が浮かび上がってくる

　円の重なった部分が商品やサービスの「コンセプト」となります。「コンセプト」とは、特徴の重なりから生まれる個性を表すものです。

　例えば、かのスティーブ・ジョブズはiPhoneを初めて世に紹介するプレゼンテーションの中で、次のようにコンセプトを伝えました。

　"「ワイドスクリーンのiPod」「携帯電話」「インターネット通信機器」。この3つが1つになったのが「iPhone」なのだ"

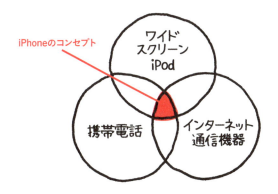

　このように複数の特徴を組み合わせることで新しいコンセプトが生まれます。反対に、コンセプトを理解するには、何と何が組み合わさっているのかを明らかにしなければいけません。続く練習問題とビジネス演習問題でその方法を学びましょう。

LESSON 11 Facebookをやめられないのはなぜ？

練習問題

ハーバード大学の学生限定のサービスから、世界中の人々に利用されるようになったFacebook。

SNSがその後も次々と誕生しているのにもかかわらず、なぜ人々はFacebookをやめられないのでしょうか。下記の文章から、Facebookの強さの秘密を考えてみましょう。

> 知り合いを見つけやすいのが実名登録制のFacebook。名簿代わりにもなります。グループでコミュニケーションをとるのも手軽。それから、日々の近況を投稿しているので、自分自身の生活ログも兼ねています。他サービスに移るとそれらが失われるため、スイッチングしにくくなっています。

> 3つの特徴の組み合わせにより、Facebookをやめるのが難しくなっています。

解説・解答

STEP 1 何の組み合わせかを考える

問題文をよく読んで、Facebookの強みを抜き出してみましょう。問題文の後半に「他のサービスに移るとそれらが失われる」とあります。これが大きなヒントです。

> 知り合いを見つけやすいのが実名登録制のFacebook。**①名簿代わり**にもなります。グループで**②コミュニケーション**をとるのも手軽。それから、日々の近況を投稿しているので、自分自身の**③生活ログ**も兼ねています。他サービスに移るとそれらが失われるため、スイッチングしにくくなっています。

POINT ダブリに注意して、キーワードを抜き出す

STEP 2 円を用意し、内容を書く

文章から抜粋した「名簿代わり」「コミュニケーション」「生活ログ」の3つを円の中に書きます。

POINT かけ算として成立するかを見極める

STEP 3 円を重ねる

3つの円を重なるように配置します。これで完成です。

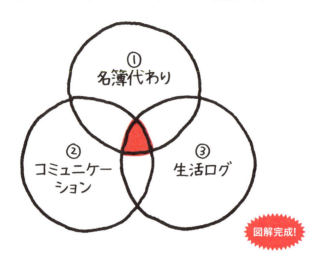

図解完成！

①実名登録制ゆえに名簿代わりになる。
②コミュニケーションツールとして手軽に連絡をとれる。
③自分自身の生活ログになる。

この3つのかけ合わせが、Facebookの強さのベースになっています。つながりが強まれば強まるほど、大きなネットワークがFacebook上に作られていくため、自分だけやめるというわけにはなかなかいきません。

穴埋め式で発想

　コンセプトを表すのに最適な円の数は2〜3個です。それ以上増えると、複雑になってしまいます。「重なりの図」で失敗しないコツは円を増やさないことです。

　逆説的な使い方もできます。新しい商品やサービス、戦略などを考えるときは、先に3つの円を用意してしまいましょう。そして、そこを埋める言葉を考えるのです。コンセプト作りは難しいものですが、このように穴埋め問題にすることで、パズルを解くような感覚で考えることができます。

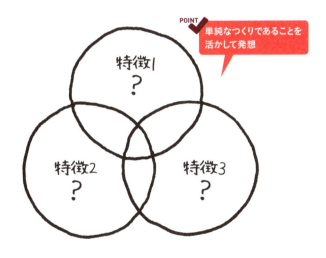

POINT 単純なつくりであることを活かして発想

　この方法であれば、関係者全員で穴埋めしてきた結果を持ち寄り、それらをもとに一番いい組み合わせを見つけることも可能です。発想にも使えるのがこの図のよいところです。

LESSON 12

レッスン進捗 >>>>>>

ハーゲンダッツの売り方の特徴は？

ビジネス演習問題

コンビニやスーパーのアイス売り場で存在感のある「ハーゲンダッツ」。その売り方にはコンセプトを感じます。皆さんもハーゲンダッツの売り場を思い浮かべながら、その特徴を考えてみてください。考えやすいように、空欄の「重なりの図」を最初に用意します。

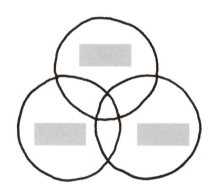

HINT

ハーゲンダッツについて思い浮かぶことを言語化してから図に落とし込みます。

解説・解答

STEP 1 何の組み合わせかを考える

まず、ハーゲンダッツについて思うところを書き出していきましょう。

> ハーゲンダッツに飽きないのは限定商品が常に出ているから。スターバックスと似ている。また、コンビニで買ったときも他メーカーと比べ、パッケージがしっかりしていてスプーンも違う。値段が高いのも、特別感があって自分へのご褒美にちょうどいい。他メーカーにも高級アイスはあるが、味の種類が少ない。

ここから3つ、ポイントを選びます。細かい話よりも、大きな特徴に目を向けて選ぶようにしましょう。

POINT ✓ お店で商品を見て気づくことは?

> ハーゲンダッツに飽きないのは①**限定商品が常に出ている**から。スターバックスと似ている。また、コンビニで買ったときも他メーカーと比べ、②**パッケージがしっかり**していてスプーンも違う。③**値段が高いのも、特別感**があって自分へのご褒美にちょうどいい。他メーカーにも高級アイスはあるが、味の種類が少ない。

121

STEP 2 円を用意し、内容を書く

文章から抜粋した３つの特徴を円の中に書きます。

POINT キーワードは短く！２行までにまとめる

STEP 3 円を重ねる

円を重なるように配置します。

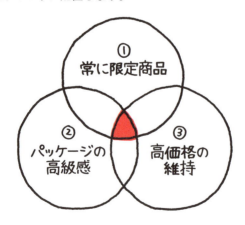

「ハーゲンダッツのコンセプト」が浮かび上がってきました。３つの異なる特徴が組み合わさることで、そう簡単にマネできないものになっています。

さらにキーワードを錬ろう

　さらに考えを深めていくと、2つのキーワードが浮かび上がります。それは「話題性」と「特別感」です。

　①の「限定商品」は、話題性と特別感を生み出します。加えて、②③の「高級感」と「高価格」も特別感の醸成につながります。

　これまで築いてきた王道ポジションをマンネリ化させず、常に新鮮さを保っているのがハーゲンダッツのすごいところです。

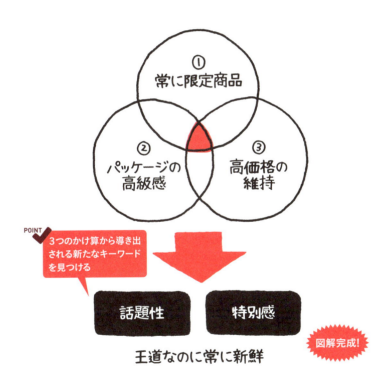

まとめ

「重なりの図」を使いこなそう

理解の手順

STEP 1	STEP 2	STEP 3
何の組み合わせかを考える	円を用意し、内容を書く	円を重ねる

理解のポイント

- 何と何と何のかけ算か見極める
- 単純なつくりであることを活かす
- 円の中の言葉は2行以内を目指す

失敗しないコツ

円は2個か3個にする

やってみよう！

身の回りのものからコンセプトを図で考えてみましょう。

- ✔ 自分が携わっている商品のコンセプトを図にすると？
- ✔ 自分たちの部署・チームのコンセプトを図にすると？
- ✔ 今日のコーディネートのコンセプトを図にすると？
- ✔ 好きなお菓子のコンセプトを図にすると？
- ✔ 自分の住む街のコンセプトを図にすると？

図解バリエーション

かけ算と足し算の違い

「重なりの図」は、2〜3の項目の重なりに注目するものでした。これと似た図で、右のような図を見たことがある人もいるはずです。

この2つはどのように使い分けるとよいでしょうか。本トレーニングの例で挙げたiPhoneのコンセプトを使って、見比べてみましょう。

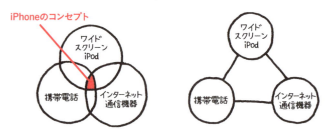

重なりの図は、「3つの特徴が重なっているのがiPhoneのポイントだ」とわかります。それに対し右の図は「それぞれ独立した3つの特徴がある」という印象を受けます。重なりの図は「かけ算」、右の図は「足し算」を意味するため、ニュアンスが変わっているのです。重なりによってできる1つを示したいのか、3つの要素を大事にするのかで使い分けるようにしましょう。

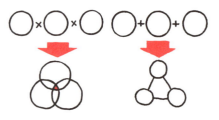

基礎トレ

7

方向性を決める

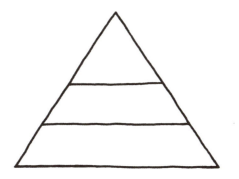

シンプル思考のコツ⑦
「方針」をつかむ

●「方針」とは?

　山登りであれば、頂上までの道筋を考えながら登る必要があります。同じように、「商品を〇〇個売る」というゴールを設定したら、実現までの道筋を考えなければいけません。

　こうした道筋を示すのが方針で、それをまとめるのに適しているのが「ピラミッドの図」です。ゴール（頂上）までの道筋を把握すれば、行動もブレません。

　例えば「英会話スキルを磨きたい」と思ったら、下図のように方針を立てて、自分に足りないものを明らかにした上で、具体的なアクションを起こします。

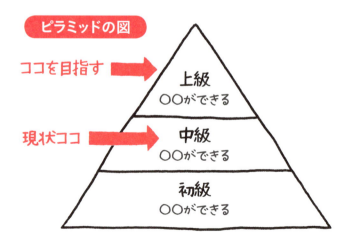

方針が固まれば、迷いがなくなるので集中して資源（時間・お金）を使うことができます。方針があることによって、効率がよくなるのです。

会社経営であれば、「とにかく拡大して売上を増やすことを目指す」のか、「拡大しなくてもいいので、顧客や従業員に長く愛される会社を目指す」のか、どの方針を採用するかで戦略・戦術も変わってきます。

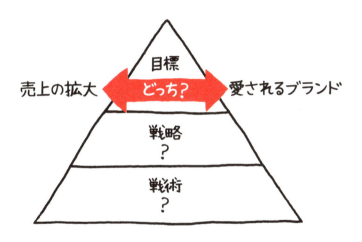

組織や自分が何を目指すのか。「ピラミッドの図」を使うと端的にまとまります。まさに登る山とその登り方が示された地図のような図と言えます。続く練習問題とビジネス演習問題を通じて、方針をどのように図に落とし込むのかを学んでいきましょう。

LESSON

13 リピーターを どう増やす？

レッスン進捗 >>>>>>>

練習問題

　ある料理店の店長が、リピーターを増やすための施策を考えています。お客さんが何度も来店したくなるようになるには、どうすればいいのでしょうか？　下記の文章を図で整理してください。

> 　A料理店では、お客さんを増やすために方針を固めました。まず認知の裾野を広げるためにネット広告を増やし、そこで来店を促すクーポンを発行します。お客さんが来店してくれたら一番人気のデザートをクーポンと交換で食べてもらい、さらに1,000円ごとにポイントがつくポイントカードを配ります。来店を続けると割引になるので、これによってリピーターが増えると考えています。

HINT

お客さんがリピーターになるまで何段階あるかを見極めます。

解説・解答

STEP 1 何段階あるかを考える

　問題文をよく読んで、「お客さんが来店し、リピーターになる」まで、どんな段階を経る必要があるかを考えてみましょう。具体的な手法など、細かい話は無視してかまいません。まずは、登る山をイメージします。

POINT 段階を意識しながら、キーワードを抜き出す

> Ａ料理店では、お客さんを増やすために方針を固めました。まず**①認知の裾野を広げる**ためにネット広告を増やし、そこで来店を促すクーポンを発行します。**②お客さんが来店**してくれたら一番人気のデザートをクーポンと交換で食べてもらい、さらに1,000円ごとにポイントがつくポイントカードを配ります。来店を続けると割引になるので、これによって**③リピーターが増える**と考えています。

STEP 2 ピラミッドを用意し、概要を書く

　文章から、認知からリピーターになるまでに３段階あることがわかりました。そこで、３層のピラミッドを用意します。

131

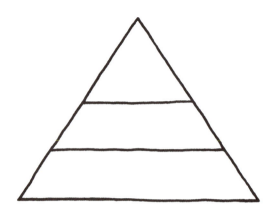

　ピラミッドが用意できたら、各層にそれぞれの概要を書き込みます。下図のように山の頂点に「常連化」を置き、その下位に「来店」「認知拡大」を配置します。これで、登る山とその登り方が浮かび上がってきました。

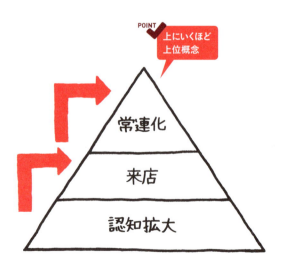

STEP 3 概要に説明を加える

　概要だけではわからないので、説明文を加えます。下図のように、リピーターを増やすための方針が完成しました。

　このようにまとめると、「何をすべきか」がクリアになるだけではなく、「どこが施策として弱そうか」「もっと段階を踏んだほうがいいのではないか」なども考えやすくなります。

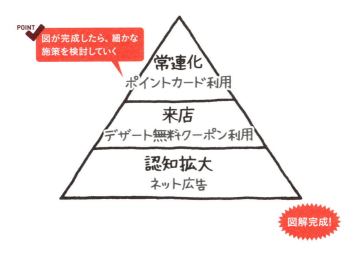

最初から完璧を目指さない

　完璧な方針を最初から立てようとするのではなく、まずは思いついたことを図にします。それをバージョン1とし、どんどんアップデートしていきましょう。上下のつながりを意識しながら思考できるため、整合性の高い方針を作りやすくなります。

LESSON 14

レッスン進捗 >>>>>>

アマゾンの次なる一手を予想する

ビジネス演習問題

　ネット書店からスタートしたアマゾンは、リアル書店を作ったり、高級スーパー「ホールフーズ」買収を発表したりと、リアルへの進出を強めています。

　ネットからリアルへの進出。この動きはこれからも続くのでしょうか。下記は、アマゾンの方針をオフィシャルサイトの情報をもとに文章化したものです。これを図にまとめながら、アマゾンの動きを理解してください。

> アマゾンは「品揃えの追求」「低価格の追求」「利便性の追求」の3つを使命にしており、ネットから始まった事業は、リアルにも展開しています。そんなアマゾンのビジョンは「地球上で最も豊富な品揃えを提供し、お客様のすべてのニーズに応え続けます」です。

 HINT

何が最上位の概念なのかを見極めます。

解説・解答

STEP 1 何段階あるかを考える

問題文をよく読んで、アマゾンの方針をつかみます。

アマゾンは「品揃えの追求」「低価格の追求」「利便性の追求」の3つを①**使命**にしており、ネットから始まった②**事業**は、リアルにも展開しています。そんなアマゾンの③**ビジョン**は「地球上で最も豊富な品揃えを提供し、お客様のすべてのニーズに応え続けます」です。

冒頭の「品揃えの追求」「低価格の追求」「利便性の追求」に目がいきがちですが、これらは具体的な施策です。段階を捉えるには、もっと大きな枠組みで考えます。

STEP 2 ピラミッドを用意し、概要を書く

アマゾンの方針は、「使命」「事業」「ビジョン」という３つの言葉で説明できそうです。まず、これらの言葉をピラミッドに書き込みます。

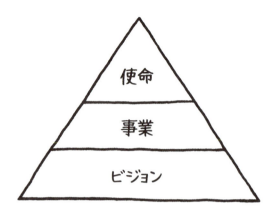

しかし、文章の順番通りに書くと、ビジョンが最下層になってしまいます。ビジョンは「会社の存在目的・未来像」で、会社経営の最上位概念です。順番を変えましょう。

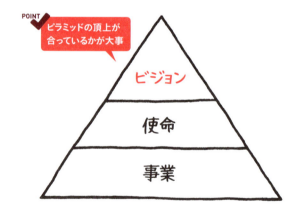

STEP 3 概要に説明を加える

概要だけではよくわからないので、各ピラミッドに説明文を加えます。最初に登場する「品揃えの追求」「低価格の追求」「利便性の追求」は「使命」に入れ込みます。

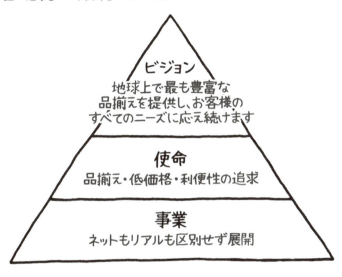

方針を表す「ピラミッドの図」で大切なのは一貫性です。「ビジョン→使命→事業」の順番になっているかを検証します。

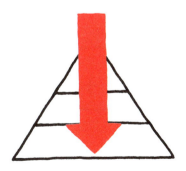

一貫性をチェックする！

　下図のように、各概念の説明文から一貫性をチェックします。

　この図では最上位にアマゾンの「ビジョン」がきています。そこには「品揃え」「すべてのニーズ」という言葉が含まれています。

　次の段の「使命」を見てみましょう。そこには「品揃え・低価格・利便性の追求」とあります。「品揃え」はビジョンにも出てくる言葉であり、「低価格・利便性」もビジョンに登場する「すべてのニーズ」という言葉に含まれる内容です。「ビジョン→使命」の一貫性が確認できました。

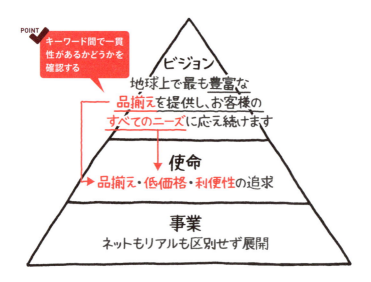

　最後に「事業」との一貫性を見てみましょう。やはり最も気になるのが、「ネットもリアルも区別せず展開」との整合性です。

　「アマゾンといえばネット書店」という印象が強いのですが、

ビジョンと使命には「事業はネットのみで展開する」とは書かれていません。

むしろビジョンの「お客様のすべてのニーズに応え続ける」や、使命の「利便性の追求」を具体化する上で、リアルへの進出は必然だと言えるでしょう。

これで「ビジョン→使命→事業」の一貫性が確認できました。今後はリアルをより強化していくと予測できます。

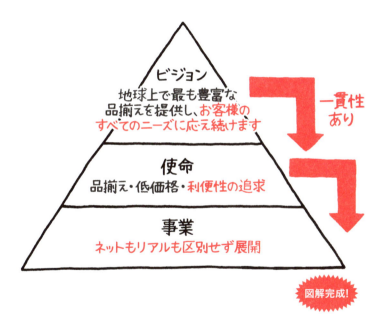

ピラミッドの図を使いこなすコツは、まず「上から下」の流れで一貫性を確認すること。それができたら、反対に「下から上」方向に見て、違和感がないかを確認しましょう。2つの流れを意識することで、図の精度がより上がります。

> まとめ

「ピラミッドの図」を使いこなそう

理解の手順

STEP 1
何段階あるか を考える

STEP 2
ピラミッドを用意し、概要を書く

STEP 3
概要に説明を加える

理解のポイント

- 上にいくほど上位概念
- まず、大まかな形をつくってしまう
- 細かいことはあとで調整する

失敗しないコツ

上から下、下から上の両方で一貫性を持たせる

やってみよう！

気になる方針を図で考えてみましょう。

- ☑ 自分の会社の方針を図にすると？
- ☑ 利益率を上げるための方針を図にすると？
- ☑ ライバル会社の方針を図にすると？
- ☑ 好きなスポーツチームの方針を図にすると？
- ☑ 人生の方針を図にすると？

COLUMN #5

Before→Afterで比べる

モノゴトの理解に便利なのが、BeforeとAfterの比較です。

図を使えば、「現状こうだったものが、将来こうなる」と表現できます。

例えば、「現在のビジネスモデルが将来はどうなるのか」などは、右の図のようにすると一目瞭然です。

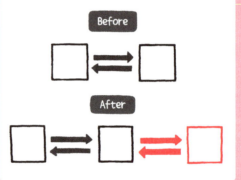

複数の項目を比較する「比較の図」にも応用が利きます。

「現在の立ち位置」と「将来の立ち位置」を下の図のように矢印を書き加えて見せれば、Before→Afterの概念をとり入れられます。

単体の図で考えるだけでなく、複数の図で比べる方法も試していくとよいでしょう。モノゴトの理解がさらに深まります。

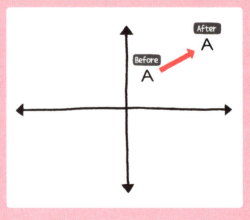

応用

多面的に考える
練習

図で考える
人生戦略

「7つの図」の基礎トレーニングが終わり、モノゴトを7つの視点で考えられるようになりました。これで日々のビジネスシーンで図を用いる下地ができました。

けれども図の可能性はまだまだあります。結論が出にくいような問題であっても、複数の図を使って多面的な思考を行えば、迷いなく結論を導き出せます。

多面的な切り口

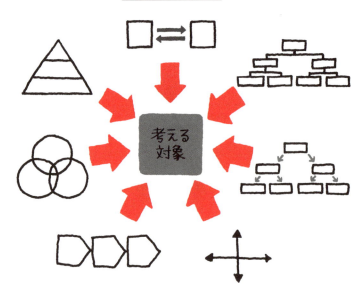

例えば、「今後のキャリアを考える」「自宅を購入するか考える」といった人生を左右する決断は、誰もが後悔したくありません。それにはモノゴトを一面からではなく、多面的に捉え、慎重に判断する必要があります。

　これから7つの切り口うち、5つを使って多面的に考える方法を解説します。テーマは、「今後のキャリアをどうするか」、つまり人生戦略です。思考例を見ながら、ご自身に置き換えて考えてみてください。「現状に満足している」「今の延長でいい」という方も、改めて考えてみると、気づきがあるかと思います。「置かれている環境」と「自分の目指す方向」が合っているのかを見直すのに活用してください。

本トレーニングで使う図

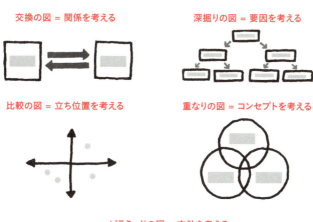

人生戦略を考える①

何を成したいのか?

▶ 生き方を考える

　キャリアを検討する上で最も大事なのが「どういう一生を送って、人生で何を成したいのか」です。

　例えば、ビジョンを高く持ち、「世界をよりよく変えるようなことをしたい」と思うのであれば、強烈な経営者のもとで無理難題に応えながらハードな仕事をするという選択が生まれます。

　それに対し、「家族との時間を大切にしたい」と思うのであれば、ライフスタイルとの相性に重点を置くことになります。他にも「趣味を仕事にしたい」「自分の地元に貢献したい」などがあります。

　スケールはさまざまですが、どれも尊重されるべきものだと思います。正しい、正しくないは他人が判断するものではありません。一生を通じて「何を成したいのか?」を考えるようにしましょう。

　ちょっとしたきっかけで「何を成したいのか?」が変わることもあるでしょう。しかしまずは、現時点の想いをクリアにすることが大切です。心の奥底に眠る「本心」を見つけることができるかもしれません。

　ここで使うのは「ピラミッドの図」になります。次ページの上図の思考例は、ある中堅マネージャーのものです。これを参考に、自分ならどんな方向を目指すか考えてみましょう。

146　応用 多面的に考える練習

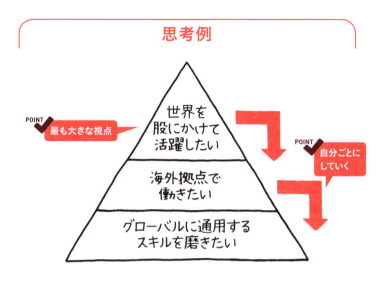

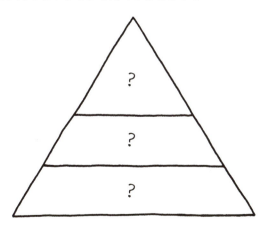

自分だったらどうするか考えてみましょう！

人生戦略を考える②

転職するか、とどまるか？

◯ さまざまな可能性を冷静に考える

前ページのピラミッドの図で、進むべき方向性がはっきりしました。次に考えるのは「転職するか、とどまるか？」です。「転職する必要はあるのか？」を考えてみましょう。

仮に転職を決意した場合、面接で必ず聞かれるのが「なぜ今、転職しようと思うのか？」「なぜうちなのか？」の2つです。この問いに対する答えがはっきりするまでは、行動を起こすのは早計です。もしかしたら転職しなくても、社内の異動や新規プロジェクトの立ち上げで済む話かもしれません。

思考例

「転職する必要はあるのか？」はいろいろな要因がありそうなので、「深掘りの図」を使います。

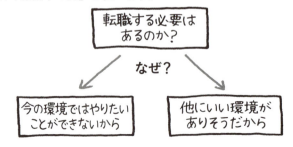

まず「今の環境ではやりたいことができないから」を深掘りしていきましょう。

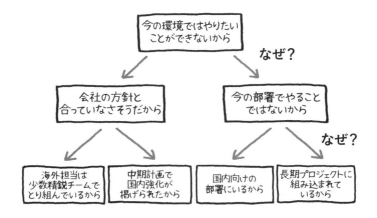

　次に「他にいい環境がありそうだから」を深掘りにします。なぜそう思うのか、理由を考えていきます。

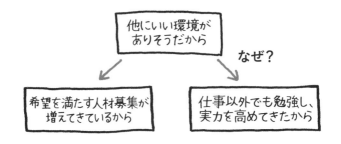

　こうした思考プロセスを通じて、「本当に転職は必要なのか？」「自分はどんなことを気にしているのか？」がクリアになっていきます。全体を1つにまとめたのが、次ページの図になります。

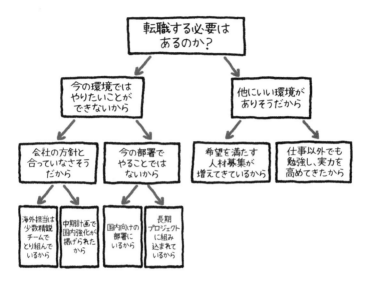

　このように掘り下げができたら、それぞれの要因を詳しく見ていきましょう。次ページの上図を見てください。

・少数精鋭の海外担当チームとはいえ、本当にメンバー拡充はないのか？　1人くらいならあるのではないか？
・会社の方針が国内強化だったとして、海外ビジネスの比率はどれくらいになりそうか？
・上司に異動を申し出たか？　自分のやりたいことを会社に伝えているか？
・長期プロジェクトに組み込まれていても、途中で抜けるタイミングはないのか？

　このように「打てる手を打っているか」「何か方法はないか」をこの図で確認します。

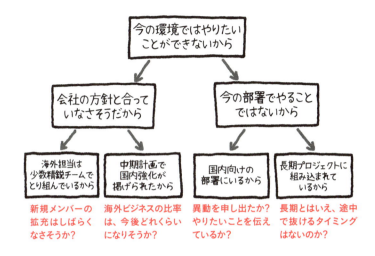

実践

要因を分析した結果、「今の会社ではどうにもならない」と判断がついたときは、転職に舵を切ります。しかし隣の芝は青く見えがち。大きな決断をするときは、さまざまな可能性を冷静に考えてからにしましょう。

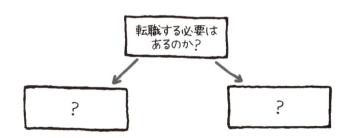

人生戦略を考える③

自分の強みは何か？

● 自分のスキルを振り返る

　進む方向が見えてきたら、自分のやってきたことを振り返り、スキルの棚卸しを行います。この先の長いキャリアをイメージするためにも、自分の強みをしっかり把握しておきましょう。圧倒的なスキルが1つでもある人はそれでいいのですが、なかなか難しいかと思います。そんなときは、それなりに自信を持って語れるスキルを3つ挙げてください。それらを重ね合わせ、自分の特徴とします。下の思考例のイメージです。

　単体のスキルでは強みと言い切れなくても、かけ算で考えると稀少なスキルへと変化します。

思考例

（マネジメント力／語学力／企画力）

POINT 「マネジメント力・語学力・企画力に自信があります」と言うよりも、「3つのかけ算が強みです」と言ったほうが稀少性が増す

実践

自分のスキルを考えてみましょう。

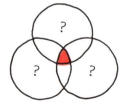

> 人生戦略を考える④

会社に何を求めるか？

● 対価を考える

自分が提供できるものがはっきりしてきたら、それに対してどんな対価を求めるかを考えます。

思考例

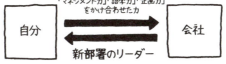

対価に求めるものは、ポジション、報酬、機会、メンバー、福利厚生などいろいろな可能性があります。

実践

自分に置き換えて考えてみましょう。自分が何を求めているかを改めて考えてみてください。

人生戦略を考える⑤

どんな会社がベストか?

● 会社を選ぶ

仕上げの視点は会社選びです。例えば、会社のビジョンに共感できるかどうかと、自分のスキルへの需要の2軸で複数の会社を比較してみましょう。

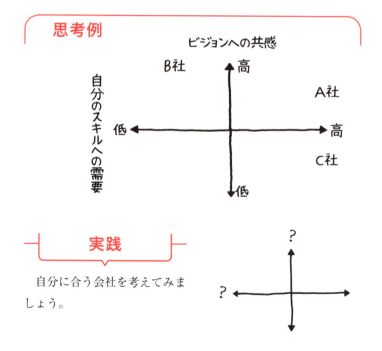

思考例

実践

自分に合う会社を考えてみましょう。

「今後のキャリアを考える」というテーマに対して、5つの図を使って考えてみました。

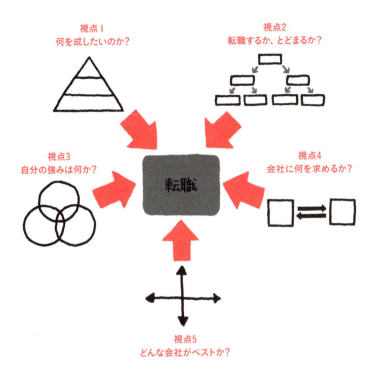

図を使うと、1つひとつはシンプルに、それでいて組み合わせることで立体的にモノゴトを考えられます。ぜひいろいろなテーマに対して、7つの図を使って考えてみてください。

次ページに、「7つの図の特徴・使い方」を一覧にまとめています。おさらいに役立ててください。

復習

7つの図の特徴・使い方

	交換の図	ツリーの図	深掘りの図	
思考の切り口	関係	構造	要因	
わかること	誰と誰が何を交換する関係なのかがわかる	モノゴトがどんな構造で成り立っているのかがわかる	なぜ今の状況が起きているかがわかる	
どんなときに使うのか?	●ビジネスモデルを見える化したいとき ●フェアな関係かを確認したいとき	●情報が複雑にこんがらがっているとき ●モノや情報を綺麗に整理整頓したいとき	●課題の要因を分析したいとき ●状況に対する打ち手を考えたいとき	
失敗しないコツ	矢印は双方向にする	必ずどれかにひもづける	次の段に進むときは必ず複数にする	

156　応用 多面的に考える練習

	比較の図	段取りの図	重なりの図	ピラミッドの図
	立ち位置	手順	コンセプト	方針
	商品・サービスがどんな立ち位置にいるかがわかる	計画をどんな手順で実行すればいいかがわかる	商品・サービスにどんな特徴があるかがわかる	目指す方向とそこに行くまでの道筋がわかる
	●ライバルと差別化したいとき ●購入対象を比較・検討したいとき	●実現までの段取りを明確にしたいとき ●手順のどこに問題がありそうかを考えたいとき	●モノゴトのコンセプトを伝えたいとき ●競合商品やサービスの強さを考えたいとき	●会社のビジョンや戦略・戦術を考えたいとき ●目標への到達手段を考えたいとき
	一番重視する切り口は、タテ軸にする	メインの流れは一方向にする	円は2個か3個にする	上から下、下から上の両方で一貫性を持たせる

COLUMN #6

図で考える自己紹介、3つのメリット

僕は自己紹介が苦手でした。今は自分の個人サイトや、仕事で作った図などを見せて、何者であるかを語れるようになってきました。しかし昔は、そうした成果物がなかったため苦労しました。そんなときに編み出したのが、図を使った自己紹介です。「今携わっている仕事は何か」「今後やりたいのはどんなことか」などの図をあらかじめ用意し、それを見せながら自分がどんな人間かを話します。メリットは3つあります。

（1）己を知ることができる

いきなり自分のことを話そうとすると、とりとめもない話をしてしまいがちです。それは自分への理解が足りないからだと気づきました。この原則に従い、図解を通じて自分への理解を深めた結果、話す内容の軸ができました。

（2）頼りになる相棒ができる

自分への理解が深まった状態でも、いざ話そうと思うと、緊張で内容を忘れてしまったり、話す順番を間違えてしまったりすることがあります。でも図があれば、それに沿って話ができます。

（3）覚えてもらえる

図を使った自己紹介は記憶に残ります。紙とペンさえあればいいので、いつでもできます。ホワイトボードがある場であれば、その場で図を書きながら話をすると、より印象に残ります。

習慣化して
武器にする

習慣化のために
すべきこと

　思考ツールとしての「図」の使い方を学んできました。しかし、使い方を学ぶだけではまだ不十分です。

　バンドをやりたい人がギターを買い、教本を一通り読んだとしましょう。それで曲を弾けるようになるでしょうか？　難しいですよね。図も同様です。

　知識を得ただけで、実際に「できる」わけではありません。図を自分のものとし、日々の思考に役立てる決め手は何でしょうか。それは「習慣化」です。

　「知の巨人」P.F.ドラッカーも、自著『プロフェッショナルの条件』（ダイヤモンド社刊）の中で、習慣の大切さを以下のように述べています。

　"成果をあげる人に共通しているのは、自らの能力や存在を成果に結びつけるうえで必要とされる習慣的な力である"

　では、「図で考える」というスキルを習慣化し、そして成果に結びつけるにはどうすればよいのでしょうか？

　本書の冒頭でお伝えしたように、僕はさまざまなものを図にしてきました。**最も習慣化に役立ったと感じるのは、図解の「読書メモ」と「動画視聴メモ」**です。ジャンルを問わず、さまざまなコンテンツの要約を図にしてきました。

160　習慣化して武器にする

成果をあげるまでの流れ

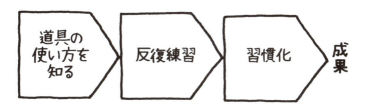

◉ 図の題材は、反復練習しやすいものを選ぶ

　図解の反復練習を行う際、題材には、本やニュースといった毎日のように生まれて尽きないものを選ぶようにします。題材選びに時間をかけてはいけません。手を動かし続け、頭の中のモヤモヤをどんどん図にしていくのです。

　図を作るときも、**「これ1枚ですべてを完結させる」と、大上段に構えてはいけません。ちょっとしたことを小さな図にまとめる**ことから始めます。

　最初は量を重視し、日々実践するのが習慣化してきたなと思ったら、徐々に質を意識していくようにします。

　どんな図を作ったらいいのかがイメージできるように、次ページより、僕の読書メモと動画視聴メモを紹介します。

これまでとってきた読書メモ

　本全体を図にするのではなく、**「響いた言葉」「あとから役立ちそうなところ」**など、**ポイントを絞る**ようにします。本にマーカーを引くだけよりも、深い理解が得られるはずです。

読書メモの例①
『代官山 オトナTSUTAYA計画』

増田宗昭著／復刊ドットコム

　TSUTAYAを運営するカルチュア・コンビニエンス・クラブ創業者の増田宗昭氏はこの本の中で、企画を立てる際、社員に「守破離」のプロセスを踏むようアドバイスしているとあります。「守破離」のプロセスを要約したのが下図です。

使用：段取りの図

「守破離」のプロセス

STEP 1	STEP 2	STEP 3
守	破	離
形をまねる、基本を学ぶ	一転して違う形を試してみる	これを繰り返し、その積み重ねにより一段上に立つ

読書メモの例②
『センスは知識からはじまる』

水野学著／朝日新聞出版

「くまモン」のキャラクターデザインや「東京ミッドタウン」のブランディングに関わった水野学氏は、この本の中で、センスを磨くコツを述べています。本の内容をメモしたのが下図です。

使用：重なりの図

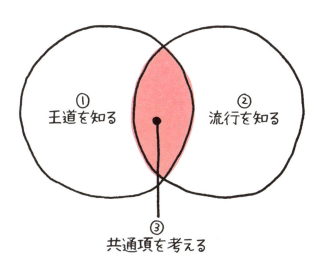

センスを磨くには、「王道＝定番もの」と時代の「流行」の両方を知った上で、その共通項を考えるのがいいということを表しています。

読書メモの例③

『プロフェッショナルの条件』

P.F.ドラッカー著／ダイヤモンド社

覚えておきたい一文がありました。

問題解決する際、解決すべき問題は4種類あるとドラッカーは言います。

> 第一に、「基本的な問題か、例外的な問題か」「何度も起こることか、個別に対処すべきことか」を問わなければならない。基本的な問題は、原則や手順を通じて解決しなければならない。これに対し、例外的な問題は、その状況に従い個別の問題として解決する必要がある。厳密にいえば、あらゆる問題が、二つではなく四つの種類に分類できる。
>
> 『プロフェッショナルの条件』より

2軸で考える「比較の図」の出番です。

縦軸に「基本的か、例外的か」、横軸に「単発か、頻発か」を置き、思考の土台を用意します。これをまとめたのが次ページの図です。

抱えている問題をここへマッピングすることで、どう対応すればいいか、どこに時間をかけると効率的かがわかります。

特に、下半分に位置する「例外的」な問題については、個別対応するしかありません。「単発」はまずそれでよしとし、例外的な内容にもかかわらず頻発している場合は、要注意です。

164　習慣化して武器にする

体制や構造の問題など、「基本的」な問題である可能性があります。このように図にしておくと、ビジネスの現場でもすぐに再利用できます。

使用：比較の図

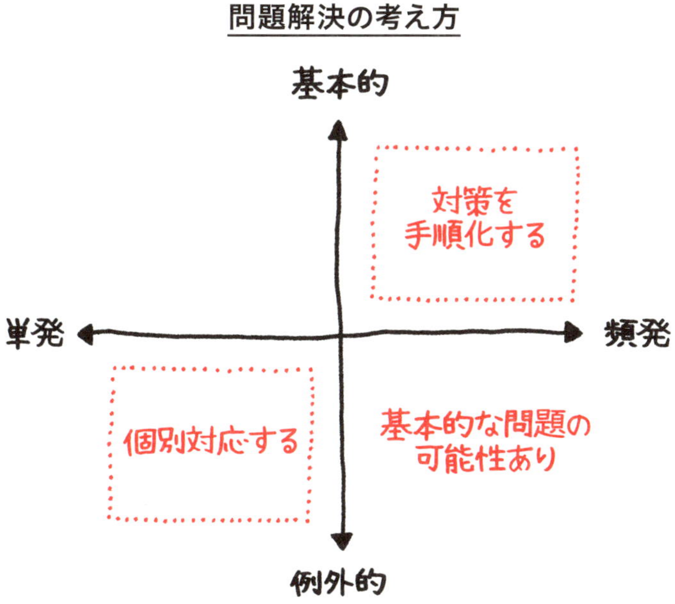

問題解決の考え方

基本的

対策を
手順化する

単発 ← → 頻発

個別対応する

基本的な問題の
可能性あり

例外的

これまでとってきた動画視聴メモ

　会議や商談では、目まぐるしく情報が動く中で理解していく必要があります。その練習にいいのが動画視聴メモです。「カンブリア宮殿」のメモを2つ紹介します。ビジネスのヒントになる経済番組や新しい視点をくれる「TED」などでやってみましょう。

動画視聴メモの例①

星野リゾートの日本的なおもてなしとは？

カンブリア宮殿（2016年12月1日放送分）

　星野リゾートは、自社のビジョンを「リゾート運営の達人」から「ホスピタリティ・イノベーター（おもてなしで革新を起こす）」に変えたそうです。変更の理由について、番組ゲストの星野リゾート社長・星野佳路氏は以下を挙げていました。

世界のリゾート大手が日本に参入する中で、今までにないリゾート運営会社を目指す必要がある

　その答えとして、「おもてなし（ホスピタリティ）」が出てきたそうです。しかしそこで、番組ホストの村上龍氏がこう投げかけます。「日本にしかないホスピタリティはあるのか？　世界にもホスピタリティはあるのでは？」。この問いに対する星野

社長の答えを、箇条書きでまとめたのが下記です。

・世界のホテルがお客さまの声を聞くようになった結果、どこも同じようなサービスをするようになってきた
・そこで、顧客ニーズにはない、自分たちのこだわりをサービスにすることが特徴になる

　例えば、青森の旅館では、青森弁による接客、馬の産地ならではの出迎え（馬が旅行客の荷物を運んでくれる）、ねぶた鑑賞など、青森ならではのサービスを行い、こうしたことが星野リゾート流の「こだわり」だと言います。こだわりを起点に顧客ニーズにないことを提供するスタイルは、世界中のライバルとは違った立ち位置になります。下図を見てください。ライバルと星野リゾートの立ち位置が似て非なることがわかります。

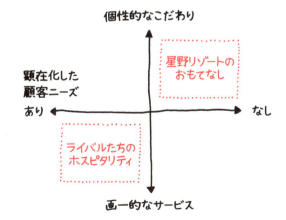

> 動画視聴メモの例②
イケアが安い3つの秘密
カンブリア宮殿（2017年5月18日放送分）

　番組では、イケア創業者がどのような理念を持っていたかがとり上げられていました。

> いいデザインを高いお金をかけていいなら誰でもできる。低価格で実現するには、知恵と経験が必要。

「デザイン性と低価格の両立」。これがイケアの大事なコンセプトでした。

使用：重なりの図

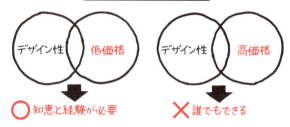

　この低価格を実現するための秘密が、番組で3つ紹介されていました。
①スケールメリット（世界各国に同じ商品を展開しているので、大量生産できる）
②フラットパック（分解した商品を薄くパッキングする。一度にたくさんの商品が運べ、管理もしやすい）
③セルフサービス（お客さまは自分で家具を棚からピックアッ

プし、家具組み立ても行う。結果、人件費が減らせる）

`使用：深掘りの図`

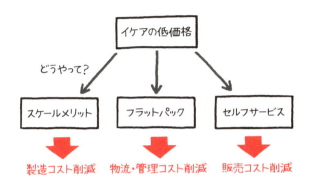

セルフサービスに関しては、イケア・ジャパンのヘレン・フォン・ライス社長が、「お客さまとイケアの役割分担によって、お互いの負担を減らす」と話していたのが印象的でした。

`使用：交換の図`

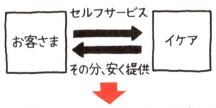

このように企業研究をまとめておくと、アイデアのヒント集になっていきます。

習慣化の
ワンポイントアドバイス

　「はじめに」でもお伝えしましたが、「伝わる図」を作るためには、表現テクニックに走る前に、「自分自身が納得し、理解できる図」を作る必要があります。

　頭の中を整理整頓し、モノゴトをシンプルに考えるための「必要な道具と使い方」をまとめたのが本書です。

　図の見栄えをよくする「見せ方のテクニック」や、図を説明するときの「語り方のテクニック」は、プラス α の要素にすぎません。下図のように、考え方という土台があった上で機能するものです。このピラミッドを踏まえて、「図で考える」トレーニングを習慣化すると、上達も早くなります。

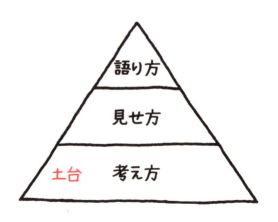

図の見せ方、
語り方

伝達のための「図の使い方」

　図は、「本質的には理解のための道具である」というスタンスから、図を使ってモノゴトを考える方法、そして習慣化する方法をお伝えしてきました。でももちろん、図の可能性はそれだけではありません。

　まとめた内容を図で人に伝えることもできます。

　図は伝達の道具でもあるのです。

　そのとき、見せ方や語り方で気をつけるのはどんな点でしょうか。一番もったいないのは、伝達の際にあれこれ情報を加えることです。図で整理整頓された思考が、思考前のような複雑な状態に戻ってしまいます。必要なのは、さらに洗練させることです。

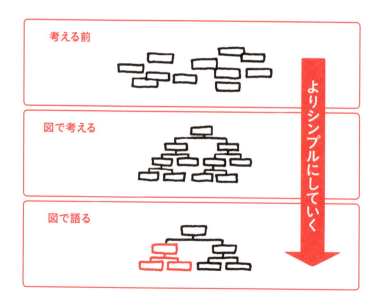

見せ方のポイント

　図の見た目を洗練させるとは、ポイントをより際立たせて、視覚で捉えやすくすることです。それには下記の5つの要素を理解する必要があります。

図の見た目にかかわる5つの要素

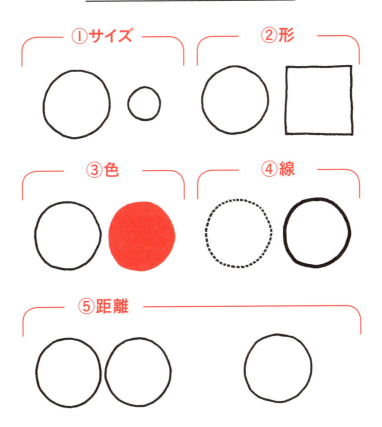

1 サイズ

サイズには「大小」「同じ」の2パターンがあります。

パターン① 大小

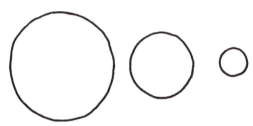

　一番左の大きい円が真っ先に目に入ってきます。一番右の小さい円は存在感も小さく感じられます。

パターン② 同じ

　サイズが同じだと、3つの要素すべてが同じ価値を持つものだとわかります。
　この感じ方の違いを図に反映することで、よりメッセージが伝わるようになります。

パターン① 大小

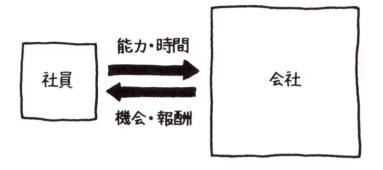

印象：会社のほうが大きい存在に感じる

パターン② 同じ

印象：社員も会社も対等に感じる

2 形

サイズの違い同様、人は形の違いでモノゴトを区別しています。例えば、下図の形を一部変えてみましょう。

変更前：四角と矢印のみ

四角で表現している「社員」「会社」「株主」のうち、「社員」「株主」を円に変えてみます。

変更後：社員と株主を円にする

こうすることで、個人である「社員」「株主」と、組織である「会社」とを区別できました。このように形を変えることで、違いを示すことができるのです。

3 色

　サイズや形以上に違いがはっきりするのが色です。薄いより濃いほうが存在感があり、さらに目立つ色にすればより存在感が際立ちます。

例：色の違い

　例えば、重要なところに色を使うようにすると、図を見た人はそこが大事だと意識します。下図を見てください。

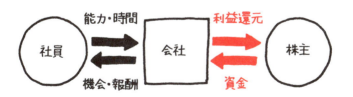

　しかしながら、色をたくさん使えばいいというわけではありません。色の数を増やしてしまうと、反対に複雑な図になってしまいます。モノクロの濃淡＋１色を目安にしましょう。

4 線

　線の太さを変えることで、つながりの強さや、存在感を示すことができます。

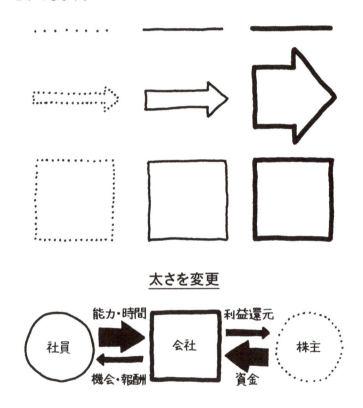

太さを変更

　会社の存在が強大で、社員からは「能力・時間」、株主からは「資金」を多く得ている、という印象を与えています。

⑤ 距離

人は近くにあるものを関係が近いと感じ、遠くにあるものを疎遠だと認識します。

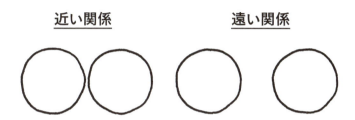

距離にも意味を込めることで、伝えたいことがより明確になります。

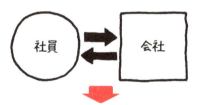

語り方のポイント

　ここまで「図の見た目の洗練方法」についてお伝えしてきました。次にお伝えしたいのは、人に説明するときのポイントです。

　せっかく図が洗練されていても、説明が伴わなければ意味がありません。

　本書で解説した7つの図のうち、下記の2つに関しては、内容が細かいため、プレゼンには向いていません。自分1人で考えを煮詰める、あるいは、少人数でじっくり話し合うなどに適しています。

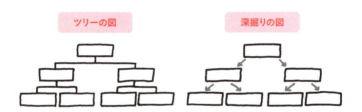

　残りの5つは、プレゼンにも向いています。図を使って語る際は、それぞれ次のように順序立てて話すようにしましょう。

① 交換の図
はじめに登場人物を明らかにする

"これからお話しするのは、小売業のビジネスモデルについてです。このモデルには、小売業者のほか、卸売業者、顧客が登場します"

登場人物を明らかにしてから「それぞれが交換しているのは……」と交換の内容を話すようにすると、頭に入りやすくなります。

② ピラミッドの図
はじめに何層かを明らかにする

"企業が進む方向性は、大きく3層に分けて考えられます。その最上位にくるのがビジョンです。それから……"

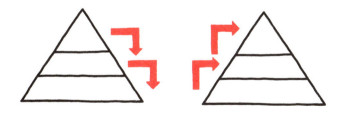

最初に全体像を示しましょう。そして、最上位階層から下に向かって、あるいは最下層から上に向かって話すと頭に入りやすくなります。

③ 重なりの図
はじめに構成要素を明らかにする

"必要とされていることが3つあります。1つが……で、2つ目が……で、3つ目が……です。"

構成要素を明らかにしてから「これらすべての特徴を備えているのが当社の製品になります。この重なりに注目してください」と話すようにすると、印象が強くなります。

⑤ 段取りの図
はじめにステップ数を明らかにする

"システムの本格導入までには4つのステップがあります"

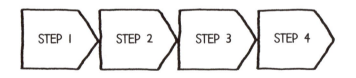

まず目的・目標までのステップ数を伝えましょう。その後、各ステップの細部を説明していきます。どのステップの話をしているのかがわかるので、頭に入りやすくなります。

4 比較の図
はじめに比較軸を明らかにする

"タテ軸には付加価値を置き、下にいくほど低く、上にいくほど価値が高くなります。ヨコ軸には価格を置き、左が低価格、右にいくほど高価格とします。当社製品と競合製品の位置は……"

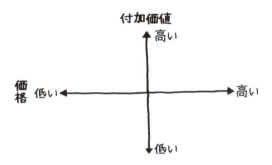

まず比較軸を明らかにします。その後、比較対象の位置を説明していくと、頭に入りやすくなります。

図で考え、図で語るために

　図の見せ方と語り方を紹介してきましたが、その流れを確認してみましょう。次ページの図を見てください。

　自分の思考のために図を使うのであれば、❶〜❸までを意識すれば大丈夫です。人とのコミュニケーションに使うのであれば❶〜❺の流れを意識しましょう。❶〜❸は各レッスンを、❹〜❺については172ページから見直してください。

〈思考パート〉

❶ 題材の決定
　自分のこと、会社のこと、これからの将来のことなど、図で考える題材を決めます。

❷ 切り口の決定
　題材が決まったら、「深掘りしたいのか」「比べたいのか」など、思考の切り口（使う図）を決めます。

❸ 対象の理解
　切り口が決まったら、情報を消化しましょう。ここまでが思考パートです。

〈伝達パート〉

❹ 見せ方の調整
　できあがった図に対し、サイズや形、色などに調整を加えます。よりわかりやすい図に磨き上げます。

❺ 語り方の調整
　それぞれの図に適した語り方で、自分が理解した内容を相手に伝えていきます。

思考と伝達の流れ

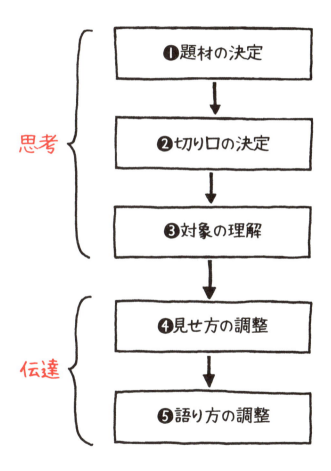

おわりに
思考を磨き上げる 図解本を目指して

「図解を題材に本を書きませんか？」

　出版社からこう話があったとき、正直なところ躊躇しました。というのも、書店に行けば、図解本は山ほど並んでいるからです。今さら書いたところで、語り尽くされていることばかりではないだろうか。自分らしい内容を提供できるのだろうか。書き始めてみようと思っても、新しい価値を提供できるイメージがなかなか持てませんでした。

　今思うと、すべてを詰め込んだ幕の内弁当のような内容を目指していたのが、うまくいかなかった原因でした。

● "図のいいとこどり" をしようとした結果……

　企業研修やワークショップを行う際、よく耳にするのが、「企画書やプレゼンで図をうまく使いたい」「わかりやすく伝えられるようになりたい」という声です。図解本を書くなら、プレゼンで使える図の話を盛り込まないといけない気がしていました。

その上、僕の普段の仕事がデザインということもあって、図の
レイアウト、色、フォント使いといった"見せ方"について語る
ことが大きな特徴になるのではと思っていました。

しかしその一方で、経験的に「図は、プレゼンツールである前
に、考えをまとめる思考ツールである」と捉えるほうがしっくり
きていました。

そこで、自分が伝えたい「思考ツールとしての図」と、ニーズ
のありそうな「プレゼンツールとしての図」の２つをパッケージ
ングしようと試行錯誤を重ねました。"図のいいとこどり"をし
ようとしたわけです。

ところがどうやっても、どっちつかずの中途半端な内容になっ
てしまう。それで、数回の大幅な書き直しを経た結果、今の「思
考ツールとしての図」に振り切った内容にたどり着きました。

● 図で考える。シンプルになる。

本書のコンセプトは明確です。

「図は、プレゼンツールである前に、思考ツールである」

図を使って考える、そうしてシンプルになった思考を伝えれば、
おのずと伝わる。フォントや色といったお化粧は、それをすれば
よりよくなるというプラス a の話で、本質的ではありません。に
もかかわらず、そういったお化粧テクニックを求めてしまうのは
なぜか。それは、人間でいえば内面を磨くような話が、今までの

図解本では大きく語られてこなかったからだと思い当たりました。

　本書は、図の中身、いわば思考そのものを磨きあげるためのトレーニングブックです。なぜ、お化粧テクニック以上に、思考法を身につけるほうが大事なのか。皆さんも次のような経験をしたことはありませんか？

　プレゼンソフトで作られた綺麗な図。グラデーションによる美しいカラーリング。でも、頭にスッと入ってこない。
　一方、会議中に同僚がホワイトボードにさっと書いた手書きの図。色は黒だけ。手書きなので線もまっすぐではありません。でも、頭に入ってくる。

　大事なのは、見た目よりも中身であることがわかります。もちろん、見た目がいいに越したことはないのですが、中身がないまま見た目を飾っても、伝わるものにはなりません。

　本書の最後に、「見せ方・語り方」について少し触れましたが、それも表面的なテクニックではなく、考え方を伝えるにとどめました。そういった意味で、本書は簡単に身につくテクニックを一切排除した、ストイックな図解本といえます。

　ですので、読んだらすぐ身につくという類の本ではありません。サプリメントではなく、トレーニング法をまとめたものですので、「図で考える」というスキルを身につけるには、皆さんご自身が

トレーニングを続ける必要があります。そのとき、手元において
ある本が本書であれば幸いです。

　本書の完成は、１年半にも及ぶ執筆につき合ってくれた編集の
中村明博さんの協力なしには不可能でした。心よりお礼を申し上
げます。

　それから、同じく長丁場の執筆につき合ってくれた妻と子供た
ちにも感謝しています。

　本書を手にした皆さんが、僕と同じように図解を趣味にして、
楽しんでくれる日を想像しています。

2017年10月

櫻田潤

櫻田潤 (さくらだ・じゅん)

ニューズピックス　インフォグラフィックエディター

大学卒業後、プログラマーとしてキャリアをスタート。その後、システムエンジニア、ウェブデザイナー、マーケターを経て、現職。仕事に必要な知識を身につける過程で、「モノゴトを深く理解したい」という欲求を持つようになり、そこから本やテレビ番組の要約を「1枚の図」にまとめる習慣が生まれる。作り上げた図を、自分の個人サイト「ビジュアルシンキング」にアップしたところ、従来の図解にデザインの考え方を反映させた手法が話題になる。WIRED、ハフィントンポストといったメディアからのデザイン依頼に加え、コンサルティングファームや広告代理店から、「デザイン×図解」「図解思考」といったテーマで研修、ワークショップの依頼が舞い込むようになる。依頼先の会社では部署を横断し、同じ研修を複数回実施するなど、その満足度も極めて高い。そうした活動が高く評価され、2014年より、ニューズピックスに参画。新しい時代の記事表現として、図解やビジュアルを幅広く用いた記事を多数執筆、デザインする。2017年よりニューズピックスのクリエイティブを統括。

日本におけるインフォグラフィックの第一人者であり、『たのしい インフォグラフィック入門』(ビー・エヌ・エヌ新社)の著者でもある。

図で考える。シンプルになる。

2017年10月18日　第1刷発行
2017年11月17日　第3刷発行

著　者────櫻田 潤
発行所────ダイヤモンド社
　　　　　　〒150-8409　東京都渋谷区神宮前6-12-17
　　　　　　http://www.diamond.co.jp/
　　　　　　電話／03·5778·7236（編集）　03·5778·7240（販売）

装丁─────大場君人
本文デザイン·DTP─吉村朋子
図版制作協力──ムシカゴグラフィクス
校正─────鷗来堂
製作進行────ダイヤモンド·グラフィック社
印刷─────堀内印刷所（本文）·加藤文明社（カバー）
製本─────ブックアート
編集担当────中村明博

Ⓒ2017 Jun Sakurada
ISBN 978-4-478-06990-5
落丁·乱丁本はお手数ですが小社営業局宛にお送りください。送料小社負担にてお取替え
いたします。但し、古書店で購入されたものについてはお取替えできません。
無断転載·複製を禁ず
Printed in Japan